集めるごとに
運気アップ！
御朱印でめぐる
関東の寺社
聖地編
週末
開運
さんぽ

JN223369

御朱印、頂けますか？
のひと言からはじまる幸せ

御朱印はもともと、お寺で納経をしたときに
その証として授与されていました。

今では、参拝の証として気軽に頂けるようになり、
最近では女性を中心に集める人が増えています。
集めてみたいけれど、なんだかハードルが高そうで
踏み出すのをためらっていませんか？

明治神宮（東京）

大切なのは感謝の気持ちとマナー。
（マナーは本書で詳しくお伝えします！）
本書では、編集部が厳選した関東1都6県の寺社を徹底取材。
「山」「水」「森」「町」「島」という5つのテーマに分け、
各寺社の御朱印や御利益、聖地ポイントを紹介します。
御朱印をきっかけに神社やお寺の方と話してみましょう。
御祭神や御本尊のこと、さらに近くの見どころや名物まで
親切に教えてくださいます。

初めてでも
「御朱印、頂けますか？」
と勇気を出して、ひと言を。

御朱印を頂く聖地旅によって
神様や仏様とつながるだけではなく、
新たな世界への扉が開けます。
そこにはきっと幸せな出会いが待っているはずです。

目次

御朱印でめぐる関東の寺社 聖地編　週末開運さんぽ

第一章 出発前にチェック！ 御朱印&寺社入門

第二章 編集部が太鼓判！ 最強モデルプラン

第三章 5つのテーマで選ぶ！ 聖地への旅

Part 1 山の聖地

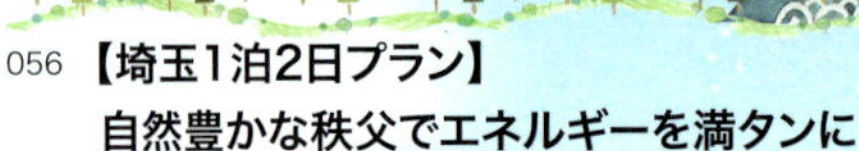

Part 2 水の聖地

Part 3 森の聖地

Part 4 町の聖地

Part 5 島の聖地

Column

本書をご利用になる皆さんへ

※本書に掲載の寺社はすべて写真・御朱印などの掲載許可を頂いています。掲載許可を頂けなかった寺社は掲載していません。
※本書のデータはすべて2024年7～9月現在のものです。参拝時間、各料金、交通機関の時刻、行事の日程などは時間の経過により変更されることもあります。また、アクセスやモデルプランなどにある所要時間はあくまで目安としてお考えください。
※本書は2021年7月に発行した『御朱印でめぐる全国の聖地　週末開運さんぽ』の書名を変更し、データ等を更新した改訂版です。
※寺社名・御祭神・御本尊名などは各寺社で使用している名称に準じています。
※本書で紹介している御朱印は一例です。墨書・印の内容が変更されたり、掲載御朱印以外の種類を頒布したりしている寺社もあるので、詳しくは各寺社へお問い合わせください。
※掲載寺社のなかには日によって対応が難しい寺社や留守の寺社、また書き置きで対応している場合などもあります。あらかじめご了承ください。

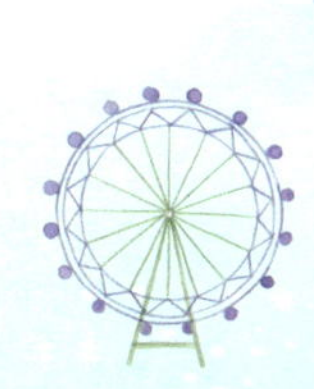

本書のマークについて
⛩は神社、🏯はお寺を表しています

関東の寺社巡拝マップ

本書掲載の全寺社網羅！

関東に点在する寺社のなかから、〝聖地〟と呼ぶべきパワーみなぎる寺社を厳選。短期間にと欲張らず、じっくり時間をかけてめぐりましょう。

那須温泉神社(P.85)
新潟県
日光二荒山神社(P.49)
日光東照宮(P.97)
輪王寺(P.98)
瀧尾神社(P.97)
日光大室高龗神社(P.86)
温泉寺(P.96)
羽黒山神社(P.62)
古峯神社(P.99)
栃木県
赤城神社(P.87)
賀蘇山神社(P.105)
大谷寺(P.66)
本城厳島神社(美人弁天)(P.65)
下野星宮神社(P.106)
大前神社(P.123)
群馬県
宝徳寺(P.48)
笠間稲荷神社(P.122)
涌釜神社(P.86)
上野総社神社(P.125)
曹源寺(P.120)
大神神社(P.103)
冠稲荷神社(P.107)
雨引観音(楽法寺)(P.79)
慈眼院(P.66)
長野県
龍泉寺(P.124)
茨城県
妻沼聖天山歓喜院(P.127)
間々田八幡宮(P.124)
筑波山神社(P.64)
日本神社(P.67)
雷電神社(P.88)
寳登山神社(P.59)
前玉神社(P.108)
薬王院(P.79)
武蔵一宮 氷川神社(P.52)
聖神社(P.58)
素鵞神社(P.104)
埼玉県
秩父今宮神社(P.57、89)
秩父神社(P.57)
岩槻大師 彌勒密寺(P.125)
櫻木神社(P.100)
川越氷川神社(P.118)
東漸寺(P.109)
三峯神社(P.56)
九重神社(P.102)
鎮守氷川神社(P.126)
新勝寺(P.128)
常保寺(P.53)
伊豆諸島
三宅島
御蔵島
八丈島
亀戸香取神社(P.70)
九頭龍神社(P.91)
東京都
浅草～新宿
大原神社(P.108)
山梨県
子安神社(P.130)
金剛寺(高幡不動尊)(P.130)
菊田神社(P.127)
宝珠院(P.109)
武蔵一之宮 小野神社(P.69)
總持寺(P.73)
千葉県
浅間神社(P.133)
大山阿夫利神社(P.53)
神奈川県
諏訪神社(P.133)
建長寺(P.54)
思金神社(P.72)
平塚八幡宮(P.111)
瀬戸神社(P.141)
玉前神社(P.82)
鶴嶺八幡宮(P.73)
人見神社(P.68)
江島神社・江島弁財天(P.140)
森戸大明神(P.93)
延寿寺(P.92)
鎌倉(P.114)
日本寺(P.67)
報徳二宮神社(P.112)
葛原岡神社(P.114)
銭洗弁財天宇賀福神社(P.115)
佐助稲荷神社(P.115)
八雲神社(P.116)
髙徳院(P.116)
長谷寺(P.117)
天津神明宮(P.90)
箱根神社(P.83)
父島
静岡県
東京都島嶼部

関東の寺社 聖地編 INDEX

本書に掲載している関東の寺社を北→南の都県、五十音順でリストアップ。
御朱印さんぽや寺社めぐりの参考にしてみてください。
参拝したり、御朱印を頂いたりしたら□にチェック✔しましょう！

第一章

出発前にチェック！ 御朱印＆寺社入門

御朱印の見方や頂き方のマナー、御祭神や御本尊のことなど、御朱印デビューする前に知っておきたい基本をレクチャー。基礎知識を知るだけで御朱印めぐりがだんぜん楽しくなります。

御朱印ってナニ？

御朱印は、もともとお経を納めた証に寺院で頂いていたもの。それがいつしか、神社にも広がり、参拝によって神様や御本尊とのご縁が結ばれた証として頂けるようになりました。ですから、単なる参拝記念のスタンプではありません。

御朱印の本来の役割って

御朱印はもともと、自分で書き写したお経を寺院に納め、その証に頂くものでした。寺院で「納経印」ともいわれているのはこのためです。いつしか、納経しなくても参拝の証として寺社で頂けるようになりました。お寺で始まった御朱印ですが、江戸時代にはすでに神社でも出されていたといわれています。

御朱印を頂くってどういうこと

御朱印を頂ける場所は、神社の場合お守りやお札の授与所がほとんど。寺院の場合は加えて納経所や寺務所などで頂けます。書いてくださるのは、神職や住職の方々。神社では御祭神の名前や神社名が墨書され、神社の紋などの印が押されます。寺院では御本尊名や寺院名が墨書され、御本尊と寺院の印が押されます。

御朱印を頂くというのは、その神社の神様や寺院の御本尊との絆が結ばれたことになります。決して記念スタンプではありません。ていねいに扱いましょう。

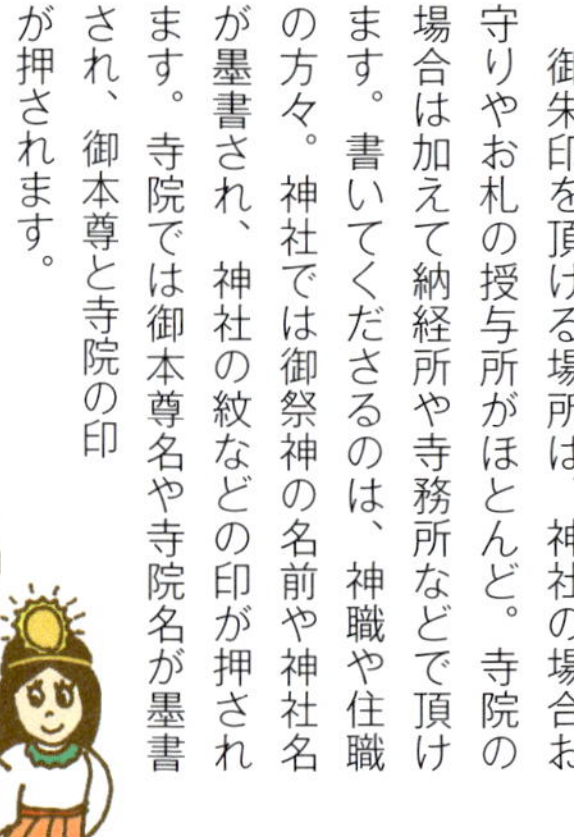

世界でひとつの御朱印との出合いを楽しみましょう

御朱印は基本的に印刷物ではありません。神職や住職の皆さんがていねいに手書きしてくださる、世界にひとつのものです。ですから、墨書には書き手の個性が表れます。そのため、本書に掲載した御朱印と同じものが頂けるとは限りません。同じ神社や寺院でも書き手によって、頂くたびに墨書や印の押し方が違うからです。印も季節によって変わったり、新しいものに作り替えたりすることもあります。御朱印自体が頂けなくなることさえあるのです。二度と同じ御朱印は頂けない、それが御朱印集めの楽しみでもあります。

神社・お寺の御朱印の見方

白い紙に鮮やかな朱の印と黒々とした墨書が絶妙なバランスで配置されている御朱印。墨書には何が書かれ、印は何を意味しているのでしょう。御朱印をもっと深く知るために墨書や印の見方をご紹介します。

神社

社名の押し印
神社名の印。篆書（てんしょ）という独特の書体が多いのですが、なかには宮司自らが考案したオリジナル書体の印も。

奉拝
「つつしんで参拝させていただきました」の意味。参拝と書かれることも。

神紋
神社に古くから伝わる紋。神紋の代わりに御祭神のお使い、境内の花の印などが押されることもあります。

ジャバラ折り
御朱印帳はジャバラ折りが基本。表だけ使っても、表裏使っても、使い方は自由！

参拝した日にち
何年たっても御朱印を見ればいつ参拝したのかすぐわかるので、旅の記録にもなります。

社名など
中央には朱印の上に神社名が墨書されることが多く、御祭神名を書く場合も。朱印のみで神社名の墨書がない御朱印や、史実の人名、おとぎ話の登場人物の名前が書かれることも。

表紙
神社オリジナルの御朱印帳も多く、表紙には社殿、境内、神紋や御祭神、花などその神社を象徴するものがデザインされていることが多いです。

お寺

印
御本尊を梵字で表した印や三宝印（仏法僧寳の印）が押されます。印の字体は篆書という独特なものが多くみられます。

奉拝・俗称の墨蹟と朱印
奉拝の意味は神社と同じ。朱印は寺院の俗称や札所霊場であることを示しています。

寺号
寺院の名前で、ここに山号と寺号両方が書かれた御朱印もあります。

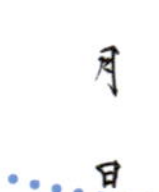

寺院の印
寺院名の御朱印で、なかには山号を彫った御朱印も。四角形が一般的ですが、円形や梵鐘形など変わった印もあります。

御本尊名など
中央にはその寺院の御本尊名や参拝した仏の名前が書かれます。

神社編

個性がキラリ 御朱印ギャラリー

御朱印は参拝の証であるだけではなく、神様や御本尊とのご縁を結んでくれるものです。墨書や印に各寺社の個性が見える御朱印の数々を一挙にご紹介します。

祭礼限定も！アートな御朱印

風が通る

片面に透かし加工が施されています

大原神社 P.108

大原神社は風の通りがよく、澄んだ空気に満ちあふれていることから作られたのが「風が通る」御朱印。図柄は不定期で替わります（2枚1組800円）。鳥居をモチーフにした見開き御朱印は3ヵ月ごとにデザインが替わります（500円）

新たな年が明るいものになるよう祈願して奉製されました

かわいい挟み紙が人気。参拝者への心遣いがうれしい！

ようこそお詣りなさいました
今日もよい一日でありますように
習志野の杜
ご縁結びの 大原神社

ようこそお詣りなさいました
今日も良きご縁に恵まれますように
習志野の杜
ご縁結びの 大原神社

湘南淡嶋神社のがん封じや病気平癒祈願の御朱印で、数量限定です。御祭神少彦名命が描かれています（500円）

座敷わらしは見た人に幸運が訪れるといわれています。境内で遊ぶ姿が目撃されているのだとか

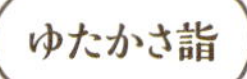

鶴嶺八幡宮 P.73

神社オリジナルキャラクターわらこが描かれた「ゆたかさ詣」のほか、龍神姫みねこの「しあわせ詣で（龍体文字入り）」（各500円）、新年限定の「新春叶詣で」（1000円）があります

※季節や年によって内容が替わるため、最新情報は神社のホームページやSNSをご確認ください。

櫻木神社　P.100

年に5度ある特別な期間中、特別御朱印と呼ばれる御朱印を頂くことができます。内容は神職や巫女がアイデアを出し、社内外の投票によって決定するのだそう。掲載の御朱印は2020年のものです（各800円、ほか御朱印により異なる）

多種多様な御朱印を授与

特別御朱印は、「さくらの日まいり」「酉の月まいり」のほか、「お正月」「春の例大祭」「いい夫婦の日（→P.101）」の5種です。ほかにも季節に合わせて文字色が替わる「四季色字」の御朱印などがあります。通常御朱印以外は書き置きです

さくらの日まいり

「頂くのに数時間待ち」といわれる超人気御朱印です。3月9～29日の限定頒布

酉の月まいり

9～10月の酉の月まいり限定。酉の月に参拝すると、金運アップにつながるといわれています

子安神社　P.130

9月20日の例祭限定御朱印3体セット。掲載の御朱印は令和2年版で、絵柄は年によって異なります。書き置きのみ。2021年から新たに木の御朱印紙を用いた月替わり御朱印の授与をスタート！（例祭限定各1000円、月替わり1000円）

例祭限定

絵とともに「富士の雪」に始まる松尾芭蕉の歌などが書かれています

干支

2024年度の干支「辰」がモチーフです。2025年度は「巳」になります

下野星宮神社　P.106

御朱印にかわいい星形の印が押されることで有名ですが、繊細な干支切り絵御朱印もすてきです。月参り御朱印と祭典のある月のみ頒布される御朱印があります（1000円）

甕星祭（みかぼしさい）

甕星祭は夏なので「朱雀」です。春は青龍、秋は白虎、冬は玄武となります

大甕神社　P.63

季節ごとに四神のデザインの御朱印を頒布。書き置きのみで、なくなり次第終了（1000円）

第一章

どの天狗が
お好みですか？

直書きの場合はその日の担当により絵柄が異なり、印刷の御朱印は絵柄を指定できます

神様のお使いである天狗がモチーフ

古峯神社 P.99

「天狗の社」の別名で呼ばれる神社の御朱印は、やはり天狗！ 大天狗と烏天狗をあしらった御朱印は書き手によって姿が異なり、どれも味があります。こちらで紹介しているのはあくまで一例です（直書き1000円、印刷500円）

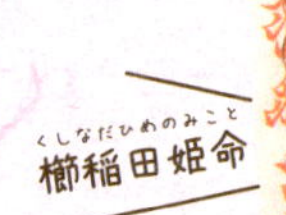

祭神画
御朱印

「神社や祭神に親しみをもってほしい」という思いから授与を開始しました

すさのをのみこと
素戔嗚命

花結び
御朱印

拝殿の天井画に描かれた約30種類の植物が題材になっています

神獣画
御朱印

動物の息使いまで聞こえそうな"リアルさ"が魅力。モチーフは毎年替わります。写真は2020年の干支のネズミが描かれています

お祝い御朱印は贈り物にも

誕生祝いや結婚祝いになる特別な御朱印もあります。ひらがなで名前を書き入れていただけます

素鷲神社 P.104

神職が手がける繊細な原画を和紙に複写した「結和（ゆわ）の御朱印」。神社が祀る二柱の神様を描いた「祭神画御朱印」、季節に合わせて絵柄が替わる「花結び御朱印」、神獣がモチーフの「神獣画御朱印」が選べます（各1000円）

前玉神社 P.108

参拝者に好評なのが猫の御朱印。神社で飼っている猫をモチーフにしたイラスト印と肉球印が押されます。"ニャンニャン"の語呂にちなんで毎月22日前後に授与。書き置きのみ（各500円、特別版600円）

祭礼限定や境内社の御朱印も！

境内社の浅間神社を含め、桜開花期間や火祭りなど、各種限定御朱印があります。授与期間などは公式ウェブサイトにアップされますので、事前に確認を

七柱の神々が集合したありがたい御朱印。七福神殿には極彩色の七福神絵馬が奉納されています

枚数に限りがあるため、当日分がなくなり次第頒布終了

冠稲荷神社 P.107

縁結びの御利益がある「冠稲荷のボケ」の花をかたどった珍しい御朱印には、神様のお使いであるキツネが描かれています。境内に七福神殿があることから、七福神の御朱印も。どちらも通年頒布です

季節を感じる！月替わりの印

十数匹いる実在の神社猫を七福神に見立てた御朱印。すべての猫に会えたらラッキー！満願成就となります。

境内の白椿の蜜を吸いにきたメジロが描かれています。春先にやってくるメジロは参拝者に人気です

間々田八幡宮 P.124

月ごとに絵柄が替わる限定御朱印は、イラストレーター・きよらさんがデザインを手がけています。季節の植物や祭礼、干支などをモチーフにして、優しい色合いでかわいらしく仕上げています（片面500円、見開き1000円）

下谷神社 P.131

都内で最も古いお稲荷様で頂けるのは、上野動物園が近いことから季節に合ったパンダの印が押される月替わりの御朱印。正月、例大祭、七夕、夏詣は書き置きのみの特別な御朱印を頂けます（各500円）

ありがたい言葉が記された御朱印

天から降り注ぐ御神光が宮居を照らす様子を表現した御朱印です。
※御朱印の内容は毎回変わる可能性があります

墨書の「春夏冬」は秋がない、つまり「あきない（商い）」、「二升五合」は「二升＝升升（ますます）」「五合＝半升（繁盛）」と読ませて、商売繁盛を祈願しています

思金神社 P.72

片面10種類、見開き7種類のそれぞれ異なる印から頂きたいものを選んだあと、一人ひとりに合わせた文章を手書きしていただける特別な御朱印。迷いがあるときに見返せば、力を頂けそうです（片面800円、両面1100円～）

御朱印ギャラリー

個性がキラリ

お寺編

お地蔵様に癒やされる

宝徳寺 P.48

境内に多数いらっしゃるお地蔵様をほっこりかわいい姿で描いた御朱印が人気です。通年頂ける御朱印（片面・直書き）のほか、季節の御朱印もあり、何度でも参拝したくなります。御朱印受付所は毎週火・金曜は休み（500円～）

切り絵御朱印

「ほっこり地蔵と四季の花」という名称の月替わり御朱印です。季節のモチーフと穏やかな表情のお地蔵さんに心が和みます

季節の花を描いた見開き御朱印

宝徳寺はボタンや紅葉の名所として知られるだけあって、季節の花をモチーフにした御朱印も頒布。流れるような筆使いでみずみずしい草花が描かれます

星座

星座がモチーフの御朱印です。希望によって「Happy Birthday」を書いていただけます（写真はかに座）

基本御朱印

通年授与される御朱印の一例。お地蔵さんやダルマ、金龍のほか、多彩な絵柄が魅力的です

四季替わり

3カ月ごとに絵柄が替わる、四季替わり特別御朱印（写真は2024年春バージョン）。タイトルは「ネコと旅するお地蔵さん（直書き編）」です。

第一章

色彩豊かな限定御朱印

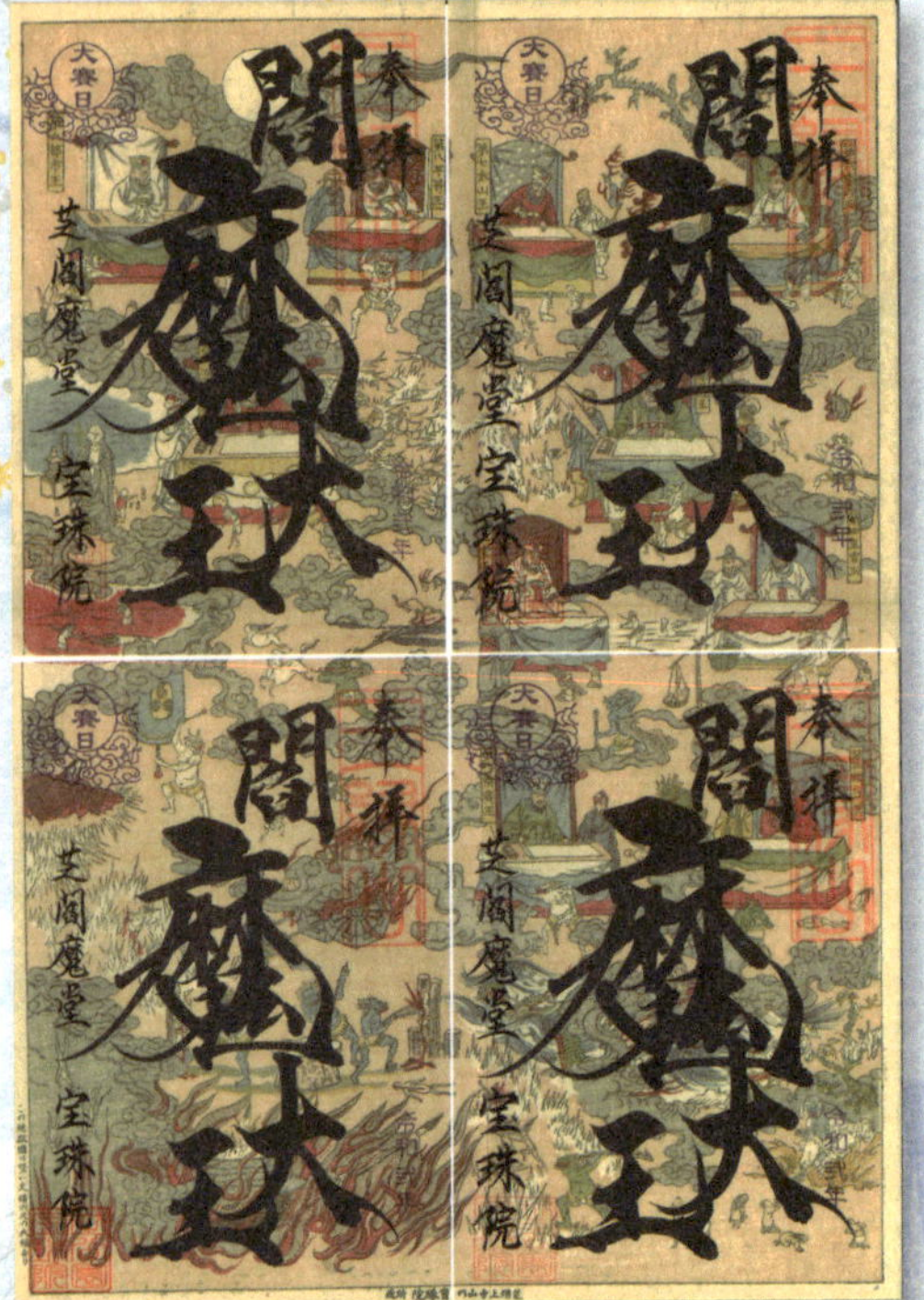

1月と7月の閻魔大王縁日限定。直書きと色付き奉書紙の書き置きがあります。圧巻は、宝珠院所蔵の地獄絵図を印刷し、台紙として授与する地獄絵図入り御朱印。4枚で絵図が完成します

12日に一度の弁才天の縁日限定。春夏秋冬でデザインが替わります。写真は秋限定のもの

色付きの奉書紙に金文字で書き入れています。「阿弥陀如来」「薬師如来」「弁才天」「閻魔大王」の4種類です

宝珠院 P.109

正月や境内に祀る弁才天の縁日、閻魔縁日限定の御朱印など、色彩豊かな御朱印を授与。ほかにも季節感が伝わる優しい絵柄が特徴の月替わり見開き御朱印などもあります（地獄絵図500円、片面500円、見開き1000円）

蓮華に乗った猫仏が描かれています。左手を上げた招き猫は人を招くといわれているため、良縁の御利益があるかも?

常保寺 P.53

常時、10種類ほどの御朱印を授与。どれも住職が内容を考え、印を手彫りしています。モチーフは禅の言葉や境内に安置された地蔵尊など。直書きと書き置きがあり、直書きの申し込みはひとり3種類まで。続々と新作が登場します（4面1200円、片面300円）

猫の鼻に乗っているのは「幸運の虫」と呼ばれるテントウムシです

唯一無二の住職お手製印

龍王がモチーフの迫力ある御朱印

境内の白滝不動尊に安置されている「倶利伽羅龍王（くりからりゅうおう）」。不動明王の化身とされ、剣に巻き付く龍という印象的な姿で表現されています。

一寺で複数の御朱印を頂く

釈迦如来

聖観世音

寺が所蔵する伊藤若冲による墨画「布袋尊」をデザインした印に注目

布袋尊

足利厄除大師

切り絵御朱印

不滅の法燈をともす燈籠を切り絵で表現しています。龍泉寺が所蔵する伊藤若冲の『庭鶏図双幅』をモチーフにした御朱印もあります（二つ折り1000円、大1500円）

龍泉寺 P.124

お寺で頂ける御朱印は「布袋尊」「釈迦如来」「聖観世音」「足利厄除大師」の全４種類。すべての御朱印を一度に頂くもよし、お参りするたびに頂くもよし。頂き方は自由です（各500円）

ファースト御朱印帳をゲットしよう！

御朱印を頂きにさっそく神社やお寺へ！
でも、その前にちょっと待って。
肝心の御朱印帳を持っていますか？
まずは御朱印帳を用意しましょう。

1 あなたにとって、御朱印帳は思い入れのある特別なもの

御朱印はあなたと神様や仏様とのご縁を結ぶ大事なもの。きちんと御朱印帳を用意して、御朱印を頂くのがマナーです。御朱印帳はかわいいものや、重厚な雰囲気のデザインなど種類が豊富なので、御朱印帳を集めることも楽しいでしょう。御朱印帳が御朱印でいっぱいになって、何冊にもなっていくと、ご縁がどんどん深まっていくようでとてもうれしいものです。御朱印には日付が書いてありますから、御朱印帳を開くと、参拝した日の光景を鮮明に思い出すこともできるでしょう。

2 御朱印帳は、神社やお寺はもちろん文具店やネットでも入手できます

どこで御朱印帳を入手すればよいのかを考えると、まず、思い浮かぶのは神社やお寺。本書で紹介している寺社の多くは、お守りなどを頒布している授与所で御朱印帳を頒布しています。ファースト御朱印と同時に、その寺社の御朱印帳を入手するとよい記念になりますね。寺社以外で御朱印帳を入手できるのは、和紙などを扱っている大きな文房具店やインターネット通販。自分が行きたい寺社に御朱印帳がないようなら、こうした販売先からあらかじめ入手しておきましょう。最近は御朱印帳の手作りも人気です。

3 御朱印帳を手に入れたらまず名前、連絡先を書き入れます

御朱印帳を入手したら、自分の名前、連絡先を記入しましょう。寺社によっては参拝前に御朱印帳を預け、参拝の間に御朱印を書いていただき、参拝後に御朱印帳を返してもらうところがあります。混雑しているとき、同じような表紙の御朱印帳があると、自分のものと間違えて他の人のものを持ち帰ってしまう……なんてことも。そうならないよう裏に住所・氏名を記入する欄があれば記入しましょう。記入欄がなければ表紙の白紙部分に「御朱印帳」と記入し、その下に小さく氏名を書き入れておきます。

4 カバーを付けたり専用の入れ物を作ったり、大切に保管

御朱印帳は持ち歩いていると表紙が擦り切れてきたり、汚れがついたりすることがしばしばあります。御朱印帳をいつまでもきれいに保つためにカバーや袋を用意することをおすすめします。御朱印帳にはあらかじめビニールのカバーが付いているものや寺社によっては御朱印帳の表紙とお揃いの柄の御朱印帳専用の袋を用意しているところがあります。何もない場合にはかわいい布で御朱印帳を入れる袋を手作りしたり、カバーを付けたりしてはいかがでしょう。

収集欲を刺激される！ 御朱印帳コレクション

御祭神や御本尊、社殿、お堂など、寺社にまつわるモチーフを取り入れたオリジナルの御朱印帳をご紹介。格調高いものやキュートなものなど、各寺社の個性とこだわりが随所に見られます。

見開き

大胆な構図が魅力！
デザイン性の高い1冊

輪王寺 P.98
東照宮境内にある本地堂（薬師堂）で見学できる天井画・鳴龍が見開きいっぱいに描かれています（1500円）

妻沼聖天山歓喜院 P.127
国宝の御本殿・聖天堂がモチーフです。日光東照宮を思わせる華麗な装飾建築は「埼玉日光」と称されるほど。現存する建物は江戸時代中期に再建されたものです。別色のパターンもあります（1500円）

間々田八幡宮 P.124
参道の下から見上げた社殿と、その上に輝く北極星が表紙。裏には奇祭・じゃがまいたに登場する「蛇」が見られます（1800円）

下野星宮神社 P.106
頭にモグラを乗せた龍が見開き全体を悠然と飛ぶ大胆な構図です。背景にはへびのしめ縄と鳥居も描かれています（2000円）

大洗磯前神社 P.78
御祭神が降臨したという「神磯の鳥居」の情景が描かれています。荒々しい波が打ち寄せる風景は臨場感たっぷり（1500円、御朱印含む）

素鵞神社 P.104
御神体を鯉が守護していたという神社創建のエピソードをもとに、鯉に乗った二柱の夫婦神をデザイン。繊細な絵に注目を（2500円）

見開きサイズの御朱印帳もあります

御祭神が描かれた「見開き型・祭神画」（6000円）

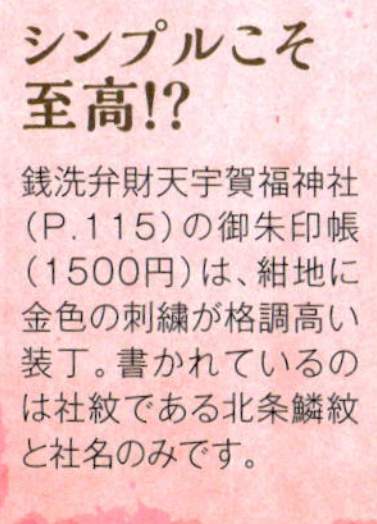

シンプルこそ至高!?

銭洗弁財天宇賀福神社（P.115）の御朱印帳（1500円）は、紺地に金色の刺繍が格調高い装丁。書かれているのは社紋である北条鱗紋と社名のみです。

キュート&ポップ

かわいいキャラクターや動物がモチーフ

常保寺 P.53

境内に安置されている招き猫地蔵がモチーフ(各2000円)

鳩森八幡神社 P.72

鳩があしらわれたデザイン。深緑、エンジ、花柄の3種(1000円)

菊田神社 P.127

人気の狛犬をカラフルにアレンジした大判タイプ(各2000円、御朱印含む)

鶴嶺八幡宮 P.73

御朱印帳は黒と赤の2種類。表面には社殿とイチョウが、裏面には神輿や烏帽子岩、えぼし麻呂とミーナ、「幸せの訪れ」を表す龍体文字が書かれています(各1500円)

宝徳寺 P.48

猫とお地蔵様が描かれたオリジナルの御朱印帳。その名も「ネコと旅するお地蔵さん」(2000円)

大山阿夫利神社 P.53

表は境内にある獅子山の獅子、裏は大山の郷土玩具のコマがデザインされています(1800円)

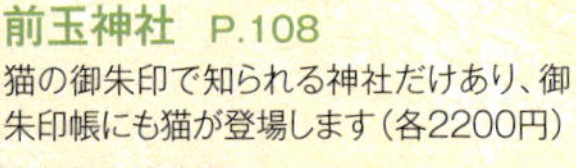

前玉神社 P.108

猫の御朱印で知られる神社だけあり、御朱印帳にも猫が登場します(各2200円)

金の箔押しが上品な御朱印帳

大甕神社(P.63)が頒布するのは「大甕」の文字をデザイン化した御朱印帳(3000円)。
※神職による手作り御朱印帳は休止中

絵画&彫刻

奉納された作品などを取り入れた芸術品

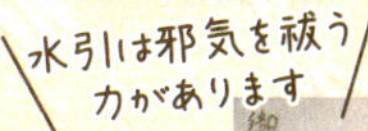

龍泉寺　P.124

伊藤若冲による「庭鶏双幅」が表紙の御朱印帳（2000円）。水引職人が一つひとつ手作りする梅結びの御朱印帳バンド（各1000円）を留め、お守りにしてはいかが？

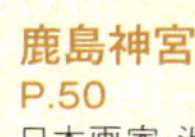

鹿島神宮 P.50

日本画家・池上秀畝（しゅうほ）氏による「猛鷲離陸」がモチーフ（1200円）

大前神社　P.123

豪華な刺繍の題材は本殿に彫刻されている鳳凰と鷲です（3000円）

人見神社　P.68

彫刻師・波の伊八の代表的なモチーフである波模様をデザイン（2000円）

秩父神社 P.57

名工・左甚五郎作と伝わる竜と虎の彫刻が御朱印に（2000円）

武蔵一宮 氷川神社　P.52

参道を鮮やかな朱色で表現。4～12月まで各月100冊限定頒布（2000円、御朱印含む）

秩父今宮神社　P.89

迫力ある龍の姿と境内の龍神木を刺繍。紺色もあります（1500円）

境内&由緒

寺社の風景が御朱印帳に。巡拝の思い出がよみがえる

東漸寺　P.109

寺院の名物だった枝垂れ桜が印象的に描かれています（2000円、御朱印含む）

那須温泉神社　P.85

表は屋島の戦いの『扇の的』、裏は九尾の狐と殺生石を刺繍（1600円）

第一章

神社の祭礼が地域の強い団結力を生み出す

栃木県宇都宮市の羽黒山に鎮座する羽黒山神社は、「おはぐろさん」の名で親しまれています。宮司の阿部康夫さんに秋の例大祭「梵天祭」や御朱印についてうかがいました。

神社には珍しく境内に梵鐘が。江戸時代には防災無線としての役割を果たしていました。誰でも撞くことができます

羽黒山神社の詳しい紹介はP.62へ

木々に囲まれた参道を一心不乱に上って参拝

鮮やかな朱色の鳥居をくぐり、赤い幟がたなびく石段を上ること215段。社殿のある場所へ到着する頃には、肌寒い日でも少し汗ばむくらい体が温まります。〝ようやく羽黒山の山頂に着いた〟そう思ったのもつかの間、実は山頂はさらに5分ほど歩いた場所にあります。「やっとの思いでここまで上がってきたのに、頂上はあちらと書いてある。〝なんであっちが頂上なんだ！〟と言う方もいますね」と朗らかに笑うのは宮司の阿部さん。標高458mの山頂地点まで歩くと、その途中に富士山や日光の山々を望む富士見台があります。絶好のフォトスポットなのでぜひ立ち寄って絶景を拝みましょう。

絶景を拝める富士見台。条件が合えば、夕暮れ時に赤富士が見られることもあります

お参りも祭礼も大切なのは〈縦〉と〈横〉の関係性

毎年11月第3土曜に開催される「梵天祭」では、若者たちが竹に房を付けた重さ200kg以上の「梵天」を担いで山道を登ります。梵天は団体ごとに製作し、五穀豊作の感謝の印として奉納します。

最長20mを超える梵天を境内に立てたあとは、櫓から餅などを投げます

「祭りの力の源は〈縦〉と〈横〉のつながりです。縦は年代的なもの、横は仲間としての意識。梵天を作りながら年寄りは年寄りの、若者は若者のいいところをお互いに引き出すんです。ひとつの行事を完遂することで地域に団結力が生まれます。そのために神社が役立てればいいなと思います。お参りするときもお辞儀は〈縦の礼〉、柏手を打つのは〈横の礼〉といいます。何でも縦と横のバランスがよくないと話にならないんです」

御祭神の力はあらゆるものを作り出し、生み出すこと

神社が祀るのは五穀豊穣の御神徳で知られる稲倉魂命（うかのみたまのみこと）。「このあたりは農耕地域なので、作物の〈作〉から〈作神様（さくがみ）〉と呼んでいます。米も野菜も作神様のおかげなら、人も作神様のおかげ。作り出す、生み出すという力ですから、子孫繁栄、商売繁盛、事業繁栄などあらゆるものに御利益があります」

作神様にあやかって正月や行事のときに行うのが種銭です。神社から種となるお金を頂いて、翌年に2倍の金額を〝倍返し〟するもの。種銭は金運の種として財布の中に入れて、使うことが前提なのだとか。

「お店をやっている方は、種銭をこっそりおつりとしてお客さんに渡しているそうです。使い方によって自分だけのためではなく、周りの人の種になるかもしれません」

御利益について尋ねると「神様は〝私はこれだけしかやらない〟なんてことはないですよ」と笑う阿部宮司

御朱印の存在意義とは何か自分なりに考えてほしい

御朱印のあり方について考えをうかがうと、とある懸念を口にされました。「切手の収集のように、何かを集めるときは〝何を〟集めたいかというテーマがあるはずですが、この頃は御朱印を〝集めること〟が目的になっているように感じられます。ときどきでいいので、御朱印とはどういうものなのか、御朱印を頂くとはどういうことなのか振り返る時間をつくってほしいです。神社やお寺側も同じように気をつけなければなりません。この頃は印刷されただけの御朱印をよく見ますが、どこかの業者がデザインして、どこかの印刷会社が印刷して、それを寺社自ら手も加えずに授与所に並べて1体いくらってそれはない。神職もお坊さんも一信仰者としてのプライドは守らないと、と思っています」

羽黒山神社の御朱印

神社で授与される御朱印の印は、すべて宮司の手作り。構図などに気になる点があると変えているため、授与所に出ている見本とは内容が異なることも多々あるとか。和紙の種類や色も違うため、唯一無二の御朱印といえます。

書き置きの場合、あるものを全部出して参拝者に好きな御朱印を選んでもらっています

2021年立春まで授与していた御朱印は梵鐘が題材。「非常事態であることを心に響かせるために」選んだという

梵天祭がモチーフ

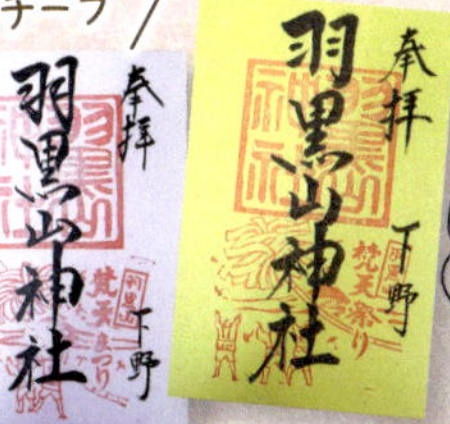

よく見ると印が微妙に異なるのがわかります

羽黒山がモチーフ

密嶽神社は山頂のさらに奥に鎮座

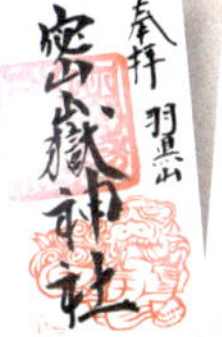

1月末から3月初頭頃まで花を咲かせるロウバイ

アジサイを愛でたあとは 仏のお医者様に健康祈願

1ヵ月に4万人が訪れる「あじさいの杜」として有名な茨城県潮来市の二本松寺。副住職の高森良英さんにお寺に安置する秘仏の御本尊やアジサイについて語っていただきました。

二本松寺の詳しい紹介はP.84へ

鉄壁&万全の医療体制であらゆる病を治す

仏のお医者様。それは二本松寺に安置されている御本尊・薬師如来の異名です。**左手に持つ薬壺（やっこ）に入った万能薬で体や心、社会の病を治すといわれています。**薬師如来の両脇には必ず日光菩薩と月光（がっこう）菩薩の姿が。その関係性を高森副住職がわかりやすく教えてくれました。「薬師如来がお医者さんだとすると、日光菩薩と月光菩薩はその力をサポートする看護師です。さらに周りには十二神将という仏様が12体いて、こちらはいわば病院を守るガードマン。しっかりとした医療体制でさまざまな病を治してくださいます」

閉ざされた扉の奥に祀る秘仏は茨城県の指定文化財

鎌倉時代末期の制作と考えられる**御本尊は脇侍の日光菩薩、月光菩薩とともに秘仏とされ、口伝で住職一代に一度しか開帳してはいけないことになっています。**「私の祖父は夢に薬師如来が現れて〝腕が痛い〟と告げたため扉を開けたところ、腕が取れていたのだとか。父は1991（平成3）年に本堂の落慶記念として開けました。住職の好きなタイミングで好きな時期に開けていいと伝えられています」

かつてお坊さんは家庭をもたなかったため、約10年スパンで住職の代替わりが行われ、御開帳も10年に一度は実施されていました。しかし、結婚して家庭をもてるようになり、住職の在任期間が長期化。「祖父は50年以上、父も48～49年住職を務めていますから、開帳するのは50年に一度ということに。お寺に長く奉仕してくださっている関係者で本尊を

ほかの寺では完全に揃っていないことも多いですが、二本松寺は薬師如来、日光菩薩と月光菩薩、十二神将がすべて安置されています

見たことがないという方が多く、5年ほど前に特別に開帳しました」

住職夫妻が約10年かけて整備した「あじさいの杜」

二本松寺は茨城県有数のアジサイの名所として知られますが、アジサイを植え始めたのは副住職の母親（住職の妻）が若くして亡くなった自身の妹を弔うためだったそうです。

「コツコツと植えている様子を見て住職も手伝うようになりました。パワーショベルを購入して竹山を切り開いて道路を開拓し、側溝や排水も整えて。寺の敷地4万㎡のうち1万㎡が〈あじさいの杜〉です。〝1m間隔でひと株ずつアジサイを植えれば1万株になる、そうしたら一般に公開しよう〟と目標を立てて植えていました。公式には100種類1万株と言っていますが、実はもっと多いかもしれません」

「あじさいまつり」として正式に一般公開をスタート

徐々に見学者数が増え、2019年には4万人に到達しました。あじさいまつり中に期間限定で授与される御朱印は大好評。アジサイの花色をイメージした色墨汁を使用しています。開催期間は年によっても異なりますが、だいたい6月第1土曜から6月30日まで。見頃などの最新情報は期間中毎日更新される公式SNSをチェックしましょう。

「アジサイの時期に1年分の経費を集めて楽しようと思っていたら、やることが多くて結局11カ月はアジサイのことをやっています。お寺とアジサイとどちらがメインかわからなくなっちゃいますよね（笑）」

二本松寺のアジサイの特徴は赤い花を咲かせる品種が多いこと。土が酸性のため、美しい赤色をキープするのが大変なのだそう

二本松寺の御朱印

あじさいまつりの限定御朱印はアジサイの花にちなんだ色を選んでいて、毎年異なります

※御開帳をした2016年版は金文字を使用

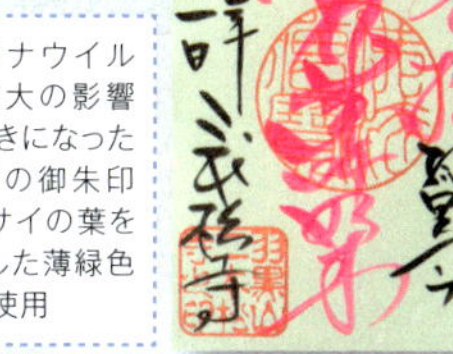

新型コロナウイルス感染拡大の影響で書き置きになった2020年の御朱印は、アジサイの葉をイメージした薄緑色の和紙を使用

2020年 赤紫色

2019年 水色

2018年 ピンク色

2017年 群青色

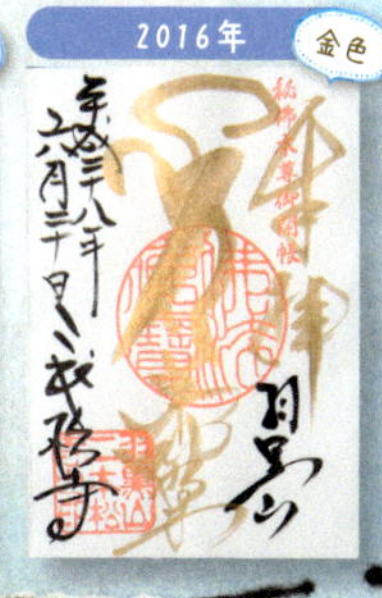

2016年 金色

元三大師御朱印

魔除け・厄除けの力が込められています

元三大師は不思議な力をもつ平安時代のお坊さん。京都市内で疫病がはやったとき、疫病神と闘う鬼気迫る姿を版木にして各家に配ったところ、疫病が鎮まったという

もっと知りたい御朱印Q&A

デビュー前に教えて！

御朱印に関するマナーや素朴なギモンなど、御朱印の本を製作して15年以上の編集部がお答えします。

Q この本で紹介している寺社でしか御朱印は頂けませんか？

A 本書以外の寺社でも頂けます

ただし、神社は神職が常駐している場合です。神職がいても御朱印を頒布していない神社もあるので社務所に問い合わせてください。寺院の場合、浄土真宗の寺院は基本的に頒布していませんが、なかにはあくまでも参拝記念として頒布するところもあります。

Q ひとつの寺社に複数の御朱印があるのはなぜですか？

A 複数の神様や仏様をお祀りしているからです

主祭神のほかに、主祭神と関係が深い神様などをお祀りしている神社ではその神様の御朱印も頒布していることがあります。寺院も同様、御本尊や御本尊に関係の深い仏様などさまざまな仏様をお祀りしている寺院は、御朱印も複数あります。参拝を済ませてから、希望の御朱印を伝えて、頂きましょう。

Q 御朱印を頂く際に納める初穂料や志納（お金）はどのくらいですか？ また、おつりは頂けますか？

A 300～500円が多いようです。小銭を用意しておきましょう

寺社ともに300～500円が一般的ですが、限定御朱印など特別な御朱印ではそれ以上の場合もあります。おつりは頂けます。とはいっても、1万円や5000円を出すのはマナー違反。あらかじめ小銭を用意しておき、「お気持ちで」と言われた場合も300～500円を目安に納めましょう。

Q ジャバラ式の御朱印帳ではページの表裏に書いてもらうことはできますか？

A 裏にも書いていただけます

墨書や印などが裏写りしないような厚い紙が使用されているものなら裏にも書いていただけます。

御朱印、頂けますか？

撮影地：二本松寺

Q 御朱印帳の保管場所は、やはり神棚や仏壇ですか？

A 本棚でも大丈夫です

大切に扱うのであれば保管場所に決まりはありません。本棚、机の上など、常識の範囲でどこでも大丈夫です。ただし、神社のお札だけは神棚に祀ってください。

Q 御朱印帳を忘れたら？

A 書き置きの紙を頂きます

たいていの寺社にはすでに御朱印を押してある書き置きがあります。そちらを頂き、あとで御朱印帳に貼りましょう。ノートやメモ帳には書いていただけません。

Q 御朱印を頂くと御利益がありますか？

A 神様や仏様を身近に感じられます

神様や仏様とのご縁ができたと思ってください。御朱印帳を通し、神様や仏様を身近に感じ、それが心の平穏につながれば、それは御利益といえるかもしれません。

Q 御朱印はいつでも頂けますか？すぐ書いていただけますか？

A 9:00〜16:00が一般的。住職不在の際は頂けないこともあります

授与時間は9:00〜16:00が多いです。本書では各寺社に御朱印授与時間を確認し、データ欄に記載しているので参照してください。混雑した場合は時間がかかることも。時間がない場合は御朱印を頂く前に確認しましょう。また、住職と家族で御朱印を書いている寺院では、法要などで住職が不在、あるいは手が離せないときには頂けません。事前に確認するとよいでしょう。

Q 御朱印帳は神社と寺院では別々にしたほうがいいですか？

A 一緒にしても構いません

特に分ける必要はありませんが、一部の神社で寺院の御朱印帳には書いていただけないことがあります。また、日蓮宗では「御首題帳」という専用の御朱印帳があり、御首題帳には「南無妙法蓮華経」と書いていただけますが、一般的な御朱印帳には書いていただけないか、「妙法」としか墨書しない寺院もあります。

Q 御朱印を頂くときに守りたいマナーはありますか？

A 必ず参拝し、静かに待ちましょう

御朱印はあくまでも参拝の証。必ず参拝し、書いていただく間は飲食や大声でのおしゃべりは慎みましょう。

Q 御朱印を頂いたあと、話しかけても大丈夫ですか？

A 行列ができていなければ大丈夫です

行列ができているときなどは避けましょう。しかし、待っている人がいないときなどには、御朱印や寺社のことを聞くと答えていただけるところもあります。

Q 御朱印ビギナーが気をつけることは？

A 自分の御朱印帳か確認を！

書いていただいたあと、戻ってきた御朱印帳をその場で必ず確認すること。他人の御朱印帳と間違えて受け取ってしまうことがあるからです。後日ではすでに遅く、自分の御朱印帳が行方不明……ということもあるので気をつけましょう。

お作法講座 Good Manners

いざ！御朱印を頂きに

さまざまなお願いごとをかなえていただき、そして、御朱印を頂くために、正しい参拝の方法、御朱印の頂き方をマスターしておきましょう。神様・仏様は一生懸命、祈願する人を応援してくださいます。難しく考えずに、こちらに書いてある最低限のマナーさえおさえればOK！　それにきちんと参拝すると背筋が伸びて、気持ちもぴしっとしますよ。ここでは身につけておきたいお作法を写真で解説します。

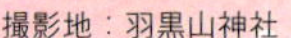
撮影地：羽黒山神社

神社編

1 鳥居をくぐる

POINT
神道のお辞儀は数種類あり、軽く頭をさげることを「揖（ゆう）」といいます。

鳥居は「神様の聖域」と「人間界」を分ける結界という役目を担っています。まずは、鳥居の前で一礼（揖）。これは神域に入る前のごあいさつです。鳥居がいくつもある場合には一の鳥居（最初の鳥居）で一礼を。帰りも「参拝させていただき、ありがとうございました」という気持ちで、振り返って一礼します。

2 参道を歩く

歩くときは神様の通り道である真ん中「正中」を避けましょう。神社によって右側か左側か、人が歩く位置が決まっている場合があります。

3 手水舎で清める

古来、水は罪や穢れを洗い流し清めるとされてきました。そのため、参拝前に必ず手水舎へ行って、身を清めます。

①柄杓を右手で取り、まず左手を清め、次に柄杓を左手に持ち替え、右手を清めます。

②柄杓を持ち、片手に水を受けて口をすすぎ、口をつけたほうの手を再び水で清めます。

③最後に柄杓を立て、残った水を柄杓の柄にかけて清め、もとに戻します。

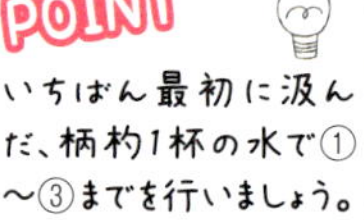

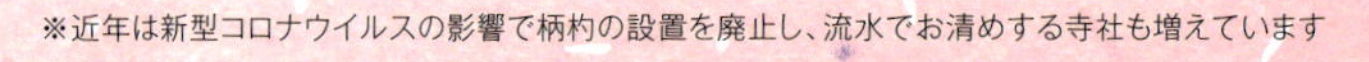
※近年は新型コロナウイルスの影響で柄杓の設置を廃止し、流水でお清めする寺社も増えています

4 お賽銭を入れる

参拝の前に、まずお賽銭を静かに投じましょう。金額に決まりはなく、「いくら払うか」よりも、「神様へ感謝の心を込めてお供えする」ことが大切です。

POINT
鈴があれば鈴を静かに鳴らします。鳴らすタイミングは、お賽銭を投じてからという方が多いようです。

5 拝殿で拝礼

拝礼は二拝二拍手一拝と覚えましょう

2回お辞儀をします。これを二拝といいます。お辞儀の角度は90度、お辞儀が済んだら二拍手。二拍手はパンパンと2回手をたたく動作です。感謝の気持ちを神様にささげ、祈願を伝えましょう。次にまたお辞儀。二拝二拍手一拝と覚えましょう。拝礼が済んだら静かに拝殿から離れます。

POINT
手をたたく際、一度揃えてから、右手を左手の第一関節くらいまでさげ、たたいたら戻します。

6 御朱印を頂く

POINT
御朱印を書いていただいている間は飲食や大声でのおしゃべりは慎み、静かに待ちましょう。受け取りは両手で。

拝礼を済ませたら、いよいよ御朱印を頂きます。御朱印はお守りやお札などを授与している「授与所」や「社務所」、「御朱印受付」と表示してある場所で、「御朱印を頂けますか?」とひと言添えて頂きましょう。御朱印帳を出すときは、カバーを外したり、ひもでとじてあるものは開きやすいように緩めてから、挟んである紙などは外し、書いてほしいページを開いて渡します。御朱印代はほとんどの神社で300～500円。できればおつりのないよう、小銭を用意しておきます。御朱印帳を返していただいたら、必ず自分のものか確認しましょう。

無事、御朱印を頂きました!

お寺編

1 山門で一礼

山門は寺院の正式な玄関になります。かつて寺院は山上に建てられることが多かったので山門と書くようになりました。禅宗寺院では悟りにいたる三解脱門が境内への入口とされ、三門と書くこともあります。いずれにせよ、玄関にあたるのですから、くぐる前に一礼します。

2 境内を歩いて本堂へ

山門から境内を歩いて本堂に向かいます。バタバタ走らず、静かにゆっくり歩いて心を穏やかにしましょう。何かを食べながら歩くのは厳禁です。

3 手水舎で清める

手水舎で手を洗い、口をすすぎ、身を清めます。手の洗い方は右手で柄杓を持ち、左手を洗い、次に左手で柄杓を持ち、右手を洗います。口をすすぐときには水を手にとってすすぎます。最後に柄杓に水を入れ、柄杓を立てて水を柄杓の柄に流し、柄杓を清めます。近年は柄杓がなく、流水でお清めするお寺も。

※柄杓の使い方はP.30でも紹介

4 常香炉にお香を立てる

本堂で参拝する前にお香を供え、お香の煙を浴びて心身を清めます。常香炉がないお寺もあります。

※写真はイメージです

5 御本尊以外もお参り

お寺には御本尊以外にもさまざまな仏像や上人像があります。手を合わせてお参りしましょう。

6 お賽銭を投じる

本堂に到着したら、参拝する前にお賽銭を賽銭箱に投じます。また、入口に納経できる箱などが置かれていたら、ここに写経を納めます。箱がなければ御朱印を頂くときに受付で納経します。

7 合掌して祈る

御本尊に合掌して読経します。読経は「般若心経」などを、声に出さなくても心のなかに念じるだけでかまいません。参拝の行列ができていたら、少し脇によけ、読経しましょう。

POINT

本堂に上がる場合も同様です。読経の前にお線香に火をともし、お供えします。

8 最後に一礼

御本尊前から去るときには一礼します。

9 御朱印を頂く

無事、御朱印を頂きました!

本堂での参拝を済ませたら、御朱印を頂きに行きましょう。御朱印は「納経所」「授与所」「御朱印受付」「寺務所」などと表示してある場所で頂きます。御朱印帳を渡すときには書いてほしいページを開いてお願いします。

撮影地：二本松寺

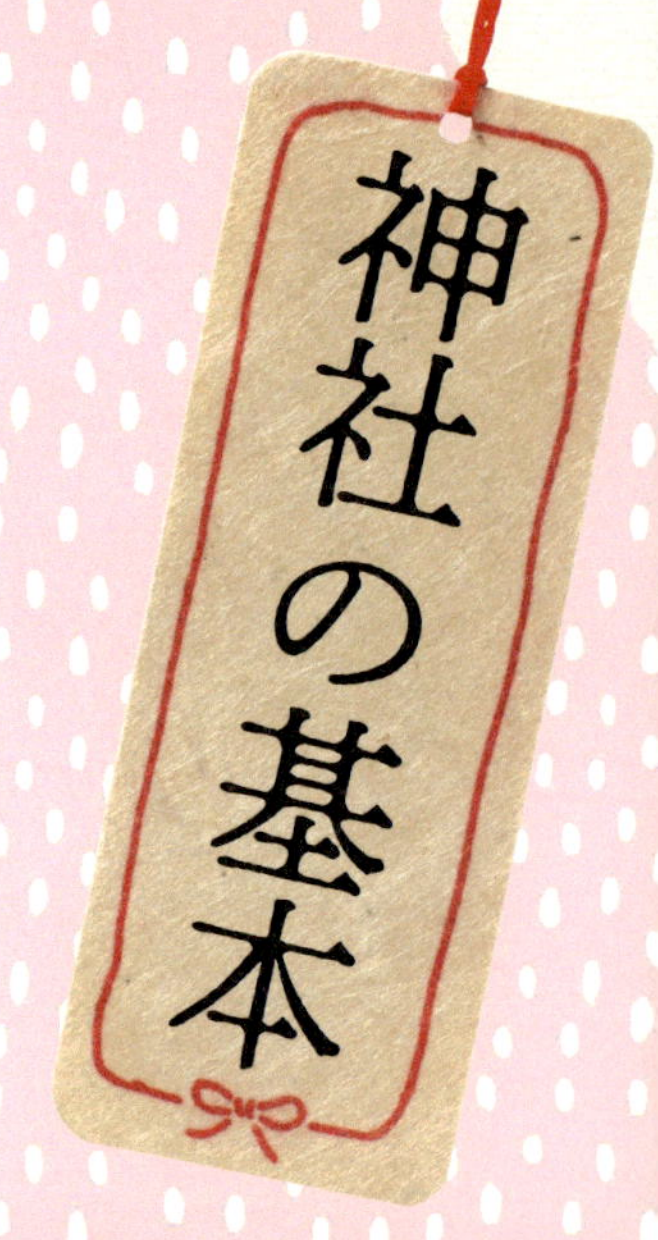

訪れる前におさえておくべき！

そもそも神社とはどういうところ？
神様やお祓いって何？　そんな疑問にお答えします。

神社の始まり

日本人は古代からあらゆる物に神が宿っていると考え、天変地異、人間の力ではどうにもならないような災害は神の戒めだと思っていました。ですから、平穏無事を願いました。そのため、特に大きな山や岩、滝や木などに神の力を感じ、拝んでいた場所に社を建てたのが神社の始まりです。

神社とお寺の違いは？

大きな違いは、神社が祀っているのは日本古来の神様、お寺が祀っているのはインドから中国を経由して日本に伝わった仏様ということです。仏教が伝わったのは6世紀ですが、100年ほどたつと神様と仏様は一緒であるという神仏習合という考えが生まれます。しかし、明治時代になると再び神様と仏様を分ける神仏分離令が出されました。一般的に神社は開運などの御利益をお願いに行くところ。お寺は救いを求めたり、心を静めに行くところといわれています。

仏様

協力：神田神社

神社で祀られている神様って？

日本人は「日本という国は神が造り、神が治めてきた」と思ってきました。そこで神社では日本を造り治めた神々、風や雨、岩や木に宿る神々を祀っています。さらに菅原道真公や織田信長公など歴史上に大きな功績を残した人物も神としてあがめてきました。それは一生懸命生きたことに対するリスペクトからです。

神主さんってどういう人？

神社で働く人のこと。神社内の代表者を宮司（ぐうじ）といいます。位階は宮司、権宮司（ごんぐうじ）、禰宜（ねぎ）、権禰宜（ごんねぎ）、出仕（しゅっし）の順となっています。宮司から出仕まで神に奉職する人を神職と呼び、神職を補佐するのが巫女（みこ）です。神職になるには神道系の大学で所定の課程を修了するか、神社庁の養成講習会に参加するなどが必要ですが、巫女は特に資格は必要ありません。

神社という場所とは

神社は神様のパワーが満ちている場所です。一般的には、神社に参拝するのは神様に感謝し、神様からパワーをもらうため。そのためには自分の望みは何か、意思を神様に伝え、祈願することが大事です。感謝の気持ちを忘れず、一生懸命にお願いし、行動している人に神様は力を与えてくれるからです。また災難を除けるお祓いを受ける場所でもあります。

「お祓い」を受ける理由

穢れを落とすためです。「穢れ」は洋服などの汚れと同じと考えればよいでしょう。生きるためには食事をしますが、食事は動植物の命を奪い、頂くことです。いくら必要とはいえ、他者の命を奪うことはひとつの穢れです。穢れは災難を呼びます。その穢れを浄化するのがお祓いです。ときにはお祓いを受けて、生き方をリセットすることも必要です。

第一章

境内のあれこれと本殿の建築様式

境内には、参拝のための拝殿に本殿、摂社など盛りだくさん！　まず、鳥居から本殿に向かって延びる道は参道です。参拝前に手や口を水で清めるところを手水舎＊といいます。御祭神をお祀りするのが本殿、その手前にあるのが拝殿で参拝者は拝殿で手を合わせます。境内にある小さな祠は摂社、末社といいます。摂社は御祭神と関係が深い神様、末社にはそれ以外の神様が祀られています。拝殿前にある狛犬は、神様を守護する想像上の動物。正式には向かって右が獅子、左が狛犬です。本殿は建築様式によってさまざまなタイプがあります。いちばん大きな違いは屋根。おもな建築様式を下で紹介します。

＊「てみずしゃ」と読む場合もあり

本殿の建築様式。見分け方のポイントは屋根！

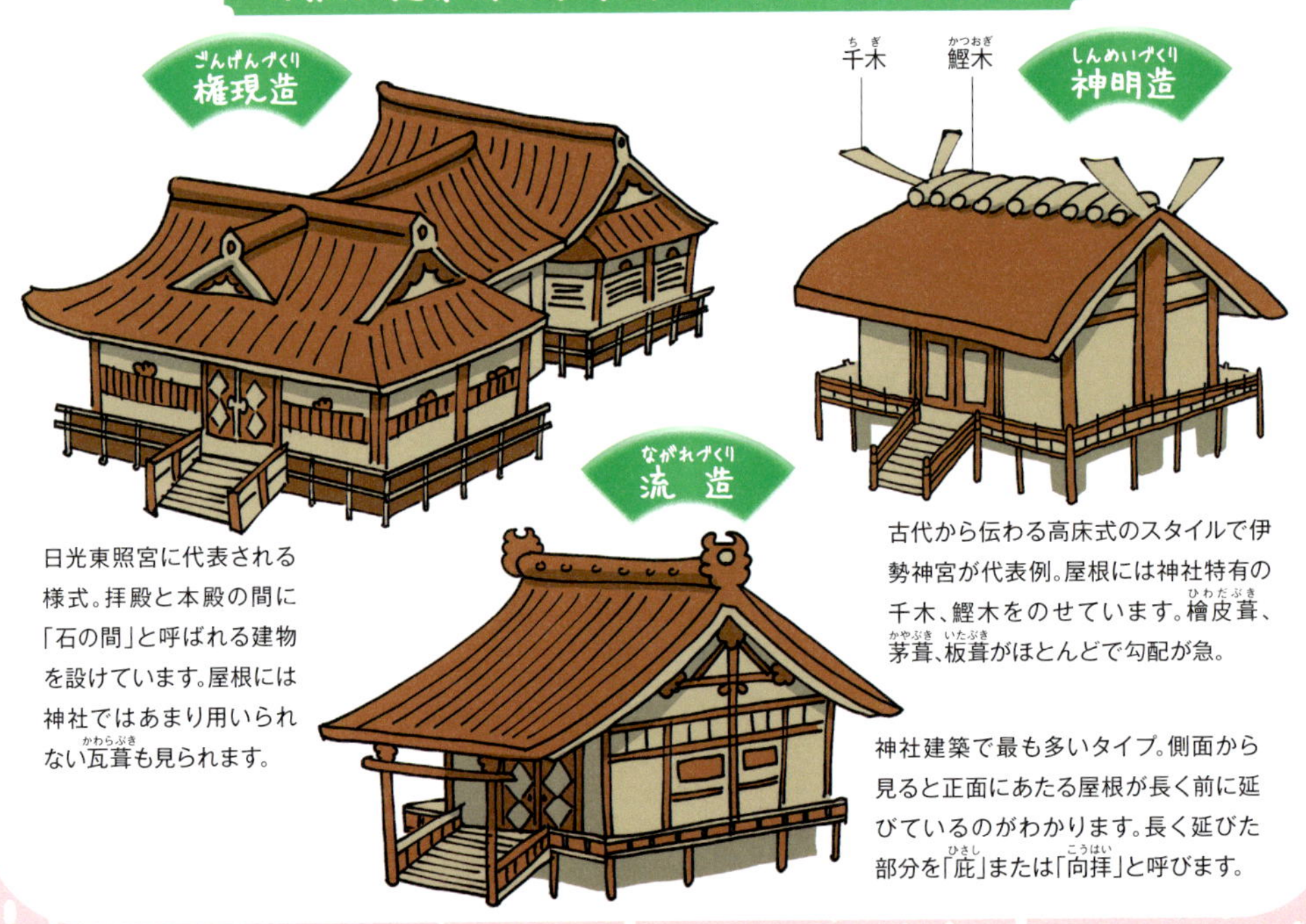

権現造　日光東照宮に代表される様式。拝殿と本殿の間に「石の間」と呼ばれる建物を設けています。屋根には神社ではあまり用いられない瓦葺も見られます。

神明造　古代から伝わる高床式のスタイルで伊勢神宮が代表例。屋根には神社特有の千木、鰹木をのせています。檜皮葺、茅葺、板葺がほとんどで勾配が急。

流造　神社建築で最も多いタイプ。側面から見ると正面にあたる屋根が長く前に延びているのがわかります。長く延びた部分を「庇」または「向拝」と呼びます。

知っておきたい『古事記』の5大神様

国生みの神様、太陽神、縁結びの神様。大勢いる神様のなかでも絶対、知っておきたい最重要5大神様を紹介します。

神様PROFILE

1 日本を造った国生みの神

イザナギノミコト【伊邪那岐命】

神生み、国生みの男神。イザナミを妻とし、淡路島など数々の島を生み、日本列島を造りました。アマテラスやスサノオをはじめ、多くの神々の父親でもあります。妻が亡くなると黄泉の国（死者の国）まで会いに行くという愛情の持ち主で、夫婦円満、子孫繁栄、長命、さらに厄除けにもパワーがあります。

御祭神の神社 ➡ 三峯神社（P.56）、櫻木神社（P.100）など

2 多くの神々を生んだ女神

イザナミノミコト【伊邪那美命】

イザナギの妻として神や日本を生んだ女神。イザナギとともに日本最初の夫婦神です。火の神を出産したことによる火傷で亡くなり、黄泉の国へ旅立ちます。そこで黄泉津大神として黄泉の国を支配する女王となります。神や国、万物を生み出す強い生命力の持ち主なので、参拝者の心や体にエネルギーを与えてくれます。

御祭神の神社 ➡ 三峯神社（P.56）、御岩神社（P.60）など

3 天上界を治め、太陽を司る最高神

アマテラスオオミカミ【天照大神】

イザナギの禊によって生まれた女神。天上界である高天原を治める太陽神で八百万の神々の最高位に位置し、皇室の祖神とされています。全国の神明神社はアマテラスが御祭神で、その総本宮が伊勢神宮内宮です。自分自身の内面を磨きたいとき、未来を開きたいときなどに力を貸してくれます。

御祭神の神社 ➡ 東京大神宮（P.121）など

4 乱暴者でも正義感が強い神

スサノオノミコト【須佐之男命】

アマテラスの弟。イザナギの禊によって誕生。父からは海を治めるように命じられますが、母のいる国に行きたいと反抗したため、追放されて放浪の身に。出雲に降り、ヤマタノオロチを退治して美しい妻を得ます。乱暴者ですが、正義感が強く、厄除け、縁結び、開運など多くの願いごとに応えてくれます。

御祭神の神社 ➡ 武蔵一宮 氷川神社（P.52）、八雲神社（P.116）など

5 優しくて恋多き、モテモテの神

オオクニヌシノミコト【大国主命】

スサノオの子孫です。ワニに毛をむしられた白ウサギを助けた神話『因幡の白ウサギ』で有名です。スサノオが与えた試練に耐え、人間界を治め、出雲の国造りを行いました。『古事記』によれば多くの女神と結ばれ「百八十」の神をもうけたとあり、良縁や子孫繁栄に御利益があるといわれています。

御祭神の神社 ➡ 日光二荒山神社（P.49）、大洗磯前神社（P.78）など

相関図

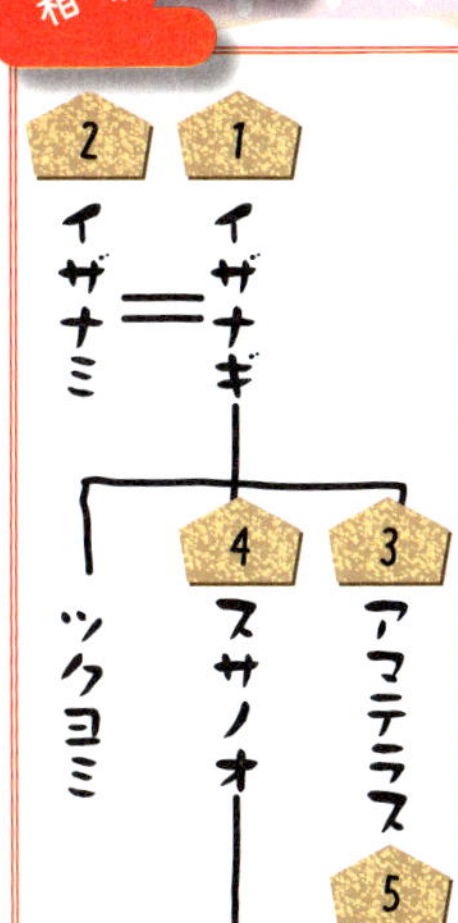

キーワードで知る神社

神社を参拝すると聞き慣れない言葉を耳にすることがあります。そこで、わかりにくい「神社ワード」をピックアップし、解説。これを知れば、神社めぐりがもっと楽しくなるはず。

【荒魂と和魂】

神様がもつふたつの霊魂

荒魂は神様の荒々しい霊魂、和魂は穏やかな霊魂のことをいいます。どちらも神道における考え方で、三重県の伊勢神宮など、それぞれを祀るお宮が存在する神社もあります。

【御神木】

神域にある神聖な木

神社のシンボルであったり、神様が降臨する際の依代(目印)であったり、神域にある特定の樹木や杜を、御神木と呼んでいます。御神木に注連縄を張る神社もあります。

【勧請・分霊】

別の土地の神様をお迎えします

離れた土地に鎮座している神様を分霊(御祭神の霊を分けて、ほかの神社に祀ること)し、社殿に迎え、奉ること。勧請はもとは仏教用語から来た言葉です。かつて分霊を勧請するときには神馬の背中に御神体をのせ、移動していたといわれています。

【大麻(大幣)】

祈祷などで使われるお祓いの道具

榊の枝や棒に紙垂(和紙でできた飾りのようなもの)、麻をくくりつけたものが一般的。この大麻を振ってお祓いをします。ちなみに伊勢神宮では御神札を「神宮大麻」といいます。

【宮司・権宮司】

栄えある神社のトップポジション

宮司は祈祷から神事まで幅広く従事する神社の代表のことをいいます。また権宮司はナンバー2のことで、一部の神社で宮司と禰宜の間におかれているポジションになります。

【斎王】

神様に仕える未婚の内親王や女王

伊勢神宮などに奉仕する未婚の内親王または女王のこと。斎王の「斎」は、潔斎(神事などの前に心身を清めること)して神様に仕えるという意味です。京都の初夏を彩る「葵祭」の主役「斎王代」は、名前のとおり斎王の代理として神事を務めます。

【御祭神・御神体】

祀られている神様と神様の居場所

御祭神は神社にお祀りされている神様のこと。神社によっては複数の神様をお祀りしていて、主として祀られる神様を「主祭神」ともいいます。御神体は、神様が降臨するときに、よりどころとなる依代(目印)のようなもの。御神体そのものは神様ではありません。

【お札・お守り】

どちらも祈願を込めて祈祷されたもの

お札は神社で祈祷された紙や木、金属板のことです。災厄を除けるとされています。お守りはお札を小さくし、袋などに入れて、持ち歩けるようにしたものです。どちらも1年に一度は新しいものに替えるとよいとされています。

【神宮】

皇室とゆかりのある由緒ある神社

神宮とは、皇室のご先祖や歴代の天皇を御祭神とし、古代から皇室と深いつながりをもつ特定の神社の社号です。なかでも「神宮」といった場合は、伊勢の神宮を指します。「伊勢神宮」は通称で、正式名称は「神宮」です。

【崇敬神社】

地域にとらわれず個人で崇敬する神社

全国の神社は伊勢神宮を別格として、大きくは崇敬神社と氏神神社に分けることができます。地縁などと関係なく、個人で信仰する神社を崇敬神社といい、人生のさまざまな節目などに参拝する人も。地域の氏神様と両方信仰しても問題はありません。

【神紋・社紋】

神社で用いられている紋

神紋・社紋どちらも同じ意味です。神社にゆかりのある植物や縁起物、公家や武家の家紋が用いられることも。天満宮系はおもに「梅(梅鉢)紋」、春日大社系は「藤紋」と、社紋を見れば神社の系統がわかります。

【禰宜・権禰宜】

神社トップの補佐役を担う

禰宜は権宮司がおかれていない場合、宮司の補佐役にあたります。権禰宜は職員。御朱印を授与しているのはおもに権禰宜です。境内の掃除や参拝者の対応のほか、社務所内での書類作成などのデスクワークや取材対応など広報のような役割を担うこともあります。

【榊】

神棚や神事などに欠かせない木

ツバキ科の常緑樹で小さな白い花をつけます。「さかき」の語源は、聖域との境に植える木、栄える木からなど諸説あります。「神事に用いられる植物」の意味から「榊」の国字になったともいわれています。

【幣殿】

神様へお供え物をするための場所

参拝者側から見て、拝殿・幣殿・本殿の縦並びが一般的。鹿島神宮(→P.50)などで見ることができます。神事を司る人が神前で参拝するときはこちらで。通常、一般の参拝者は入ることができません。

【巫女】

神楽や舞を奉仕する女性

神職の補助や神事における神楽や舞を奉仕。神職にはあたらないため、資格は必要ありません(→P.35)。

【例祭】

神社の最も重要な祭祀

「例大祭」と呼ばれることも。基本的にはひとつの神社につき、例祭はひとつだけ。年に一度、日が決められていることがほとんどですが、参加者を考慮して週末などに開催されることもあります。

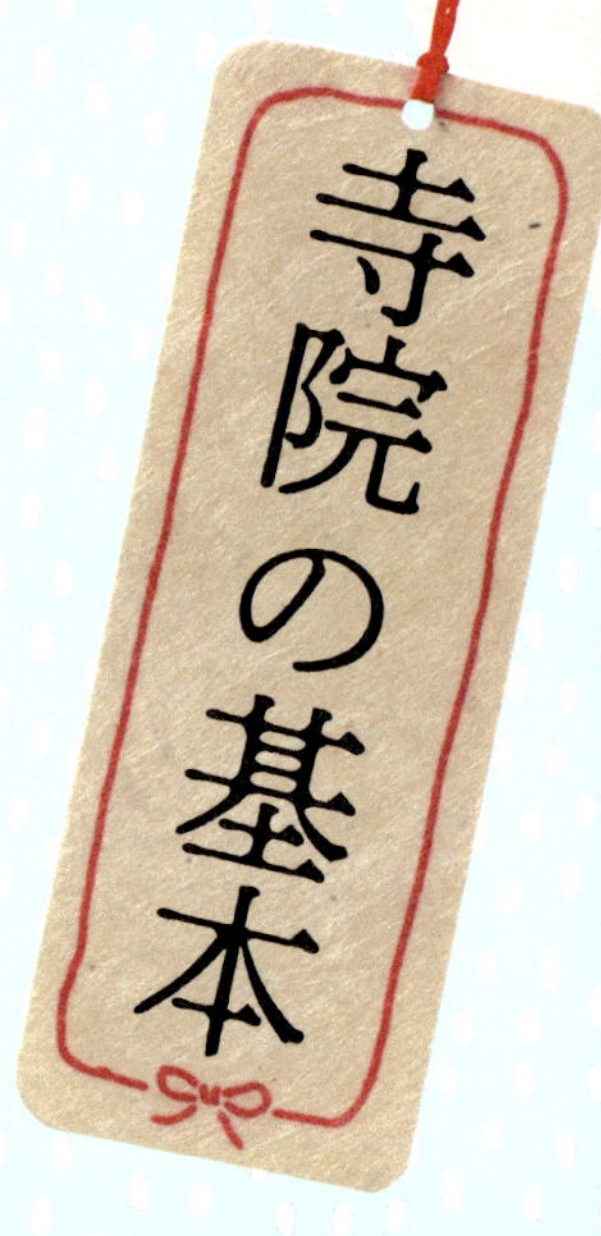

そもそもお寺とはどういうところか――
その起源や宗派について知っておきたい基本を説明します。

訪れる前におさえておくべき！

お寺の始まり

仏教はインドの釈迦が紀元前5世紀頃に開いた教えです。その頃は寺院も仏像もなく、釈迦の教えを理解する修行の場があるだけでした。釈迦が亡くなると遺骨は仏塔に納められ、それが信仰の対象になっていきます。仏教がインドから中国へ広まり、やがて中国から日本に伝わったのは6世紀以降。日本人にとって仏教は外国からもたらされた最新の文化でした。奈良時代には興福寺や東大寺など、権力者が権威の象徴として五重塔など仏塔を築き、伽藍を建立していきました。これがお寺の始まりです。

信仰の対象、教義の違いにより生じた分派のことです。代表的な宗派を簡単に説明しましょう。最澄が開いた天台宗は座禅、読経の修行で悟りを開く顕教と、加持・祈祷を重んじる密教があります。空海を開祖とする真言宗は修行により人は仏になれるという即身成仏が教えです。法然は念仏を唱えれば往生できるという浄土宗を開きました。親鸞が開祖の浄土真宗には死後すぐ浄土へ行けるという「臨終即往生」という考え方があります。座禅を重視し、禅宗と呼ばれているのが、栄西が開いた臨済宗や道元が開いた曹洞宗などです。日蓮が開祖の日蓮宗は「南無妙法蓮華経」と題目を唱えることを重視する宗派です。

本堂はどういう場所？

御本尊を安置する場所。古くは金堂ともいいました。内部は須弥壇、内陣、外陣で構成されます。須弥壇は御本尊や脇侍をお祀りする場で一段高く設けられています。僧侶が座り、読経したり、護摩をたいたりする場所を内陣と呼び、ここに参拝者が入ることはできません。参拝者が座る場所が外陣です。

お線香はなぜ、たくの？

お線香は香料を線状に練り固めたもので、江戸時代初期に中国から伝来したとされます。参拝のとき、お線香を立てるのはその香りで穢れや邪気を祓い、自分自身を清める意味があります。お通夜でお線香をたくのは故人が浄土へ迷わず行けるよう道を照らすといわれています。

住職はどういう人？

住持職を省略した呼び名で、そのお寺に住み込んで管理や運営をする僧侶をいいます。お寺が宗教法人であれば代表役員になります。宗派により、呼び名が異なることもあり、曹洞宗では方丈といいます。僧侶の敬称ですが、高位の僧には上人、聖人、大師、阿闍梨、仏門に入った皇族や公卿に対しては入道などがあります。

お経とは？

釈迦の教えを弟子たちがまとめて記録し、誰もが読んで唱えられるようにしたのがお経です。その内容は釈迦の教えになり、8万もの種類があるとされます。代表的なお経は「般若心経」で一切にこだわらない「空」の境地を説いています。浄土へ行く方法を説く「阿弥陀経」、観音信仰を説く「観音経」、釈迦を信じれば至福の道が開けるという「法華経」などがあります。

第一章

知っておきたい仏像の種類

仏様には如来、菩薩、明王、天部があり、自らがもっている力や救う相手、戦う相手、役割によって姿を変化させます。そして、その役割や力は髪型、衣装、持ち物を見ればわかります。

如来

釈迦は悟りを開き釈迦如来となりましたが、仏教の教派のひとつ大乗仏教では釈迦を悟りへと導いたのが阿弥陀如来、薬師如来、盧舎那仏、大日如来と考えられています。

阿弥陀如来（あみだにょらい）

手と指の形を「印」といい、臨終の際、阿弥陀如来が迎えに来るサインで往生のランクを示しています。

大日如来（だいにちにょらい）

宝冠をかぶり、全世界に君臨する王者の姿を表現しています。悟りの最高境地を示す「智拳印」を結んでいます。

如来の髪型は毛髪が右巻きにカールしている螺髪（らほつ）で、頭頂部のふくらみは肉髻（にっけい）といいます。どちらも知恵の象徴とされます。眉間にあるのは白毫（びゃくごう）で白く長い毛が右巻きに丸まり、光明を放っているとされます。

菩薩

髪を高く結い上げ、装飾は頭に宝冠、胸には瓔珞（ようらく）という宝石や貴金属でできたネックレス、腕には臂釧（ひせん）、腕釧（わんせん）と呼ばれる腕輪などをつけ、優雅な衣をまとっています。

普賢菩薩（ふげんぼさつ）

白象の背に乗り、合掌する姿で表現されます。徳の力で衆生を救済してくれます。

弥勒菩薩（みろくぼさつ）

半跏思惟像（はんかしゆいぞう）で中指をほおに当てているのはどのように救済するか思案するポーズです。

明王

不動明王が変化した姿が五大明王です。東では降三世(ごうざんぜ)明王、西では大威徳(だいいとく)明王、南では軍荼利(ぐんだり)明王、北では金剛夜叉明王に変化し、煩悩や苦悩などと戦い、衆生を救います。

不動明王(ふどうみょうおう)

光背の炎で煩悩を焼き尽くし、剣で悪を断ち、左手に持つ羂索(けんさく)で人を救います。

愛染明王(あいぜんみょうおう)

獅子の冠をかぶり、愛欲を悟りに導きます。蓮台の下の壺は宝物が入った宝瓶です。

明王・天部には多彩な仏様がいっぱい！

ほかに、どのような仏様がいるのか見てみましょう。黒色の体に蛇を巻きつけた恐ろしい姿は大元帥明王で、鎮護国家の功徳があります。不浄を清浄に変える力をもつ烏枢沙摩(うすさま)明王は片足を上げた姿が多いです。天部では女神代表の吉祥天、その母親の鬼子母神、頭が象という歓喜天、その弟で足が速い韋駄天など。閻魔様も天部です。四天王は広目天、持国天、増長天、多聞天です。新薬師寺や興福寺で有名な十二神将は、薬師如来の眷属で天部に属します。

天部

鎧をつけ兜をかぶった勇壮な姿は、釈迦の家来たちがモデルになっています。多聞天の別名をもつ毘沙門天は脇侍としてではなく、戦いの神として単独で祀られ、信仰されることも多いです。

毘沙門天(びしゃもんてん)

戦いの神として上杉謙信が深く信仰。兜はかぶらず、甲冑をつけた武人の姿です。

阿修羅(あしゅら)

もと悪神ですが、仏教に帰依。戦闘の神で3面の顔、6つの腕をもっています。

キーワードで知るお寺と仏教

お寺について調べたり参拝したりすると、聞き慣れない言葉を耳にすることがあります。そこで、わかりにくいワードをこちらで解説。これを知ればお寺めぐりがもっと楽しくなるはず。

【涅槃】（ねはん）

欲が一切ない悟りの境地

人間には欲望や妬み、恨みなど心を騒がせるさまざまな感情があります。これを煩悩ともいいますが、涅槃は煩悩が一切ない悟りの境地を指します。サンスクリット語のニルヴァーナに漢字を当てた言葉です。

【輪廻転生】（りんねてんしょう）

死後また何度も生まれ変わること

輪廻とは同じところを輪のようにぐるぐる回ること、転生とは生まれ変わることを意味します。人も動物も、死後は悩みの多い六道のどこかに生まれ変わることが続くという意味です。輪廻転生の苦しみから解放されることを解脱といいます。

【六道】（ろくどう）

死後に行き着く6つの世界

地獄道、餓鬼道、畜生道、修羅道、人間道、天上道からなる6つの世界を意味します。生前の行いによって行く世界は違いますが、どの世界も迷いに苦しむ世界です。なかでも地獄道が最も苦しみの多い世界とされています。六道の苦しみを救済してくれるのが六地蔵とされます。

【本尊・脇侍】（ほんぞん・わきじ（きょうじ））

各宗派の信仰の対象となる仏

各宗派の教えを仏様の姿を借りて表現しているのが御本尊です。例えば真言宗は大日如来、曹洞宗は釈迦如来などです。脇侍は御本尊の左右に控え、御本尊の教えや功徳を補佐し、伝えます。日光・月光菩薩は薬師如来の脇侍として知られています。

【念仏】（ねんぶつ）

仏をたたえ、救済を願う言葉

南無阿弥陀仏、南無釈迦牟尼仏、南無大師遍照金剛、南無盧舎那仏などが念仏です。南無はサンスクリット語で敬意を表す言葉です。仏をたたえ、仏の教えに心身をささげますという意味になり、お経とは異なります。

【極楽浄土】（ごくらくじょうど）

輪廻を離れ、苦しみのない世界

阿弥陀如来が開き、輪廻転生を離れた世界。迷いも苦しみもなく、寿命も永遠です。大涅槃ともいいます。十万億土の西方にあり、臨終の際に阿弥陀如来が迎えに来てくれれば極楽浄土に行けるとされています。

【本地垂迹説】（ほんじすいじゃくせつ）

神は仮の姿で仏が本来の姿

神仏習合により生まれた思想。仏が真実の姿（本地）で、衆生を救うために神の姿をかりて（垂迹）現れたという考えです。例えば八幡権現や熊野権現など権現という名称の神様の真の姿は如来や菩薩であるとされました。

第一章

【神仏習合(しんぶつしゅうごう)】

仏教と神道の教えが融合

日本では古来、太陽神や穀物の神など神を信仰してきました。6世紀に中国から仏教が伝来。仏教が広まると両者が融合し、神社の境内に寺院が建てられるなどしました。

【菩提寺(ぼだいじ)】

先祖代々の墓所がある寺院

一族が代々、その寺の宗派に帰依し、そこに墓所を定め、法事などを行う寺。江戸時代の寺請制度では家単位でひとつの寺院の檀家(信者)になることが定められました。それ以降、その寺院がその家の菩提寺となっています。

【縁起(えんぎ)】

寺院の由来や沿革

物事は直接的な原因と間接的な原因(縁)によって起こるという仏教思想を表す言葉です。お寺の説明書に書かれている「縁起」とは、そのお寺が創建された沿革や御本尊、霊験などの伝説を意味しています。

【盂蘭盆会(うらぼんえ)】

お盆のこと

サンスクリット語のウラバンナに字を当てており、日本では祖先の霊が各自の家に帰る日とされます。精霊会、お盆と呼ばれます。8月13～15日に行う家が多いですが、一部地域では7月13～15日に行われます。

【御首題(ごしゅだい)】

日蓮宗、独特の信仰の証

日蓮宗のお寺で御朱印をお願いすると「南無妙法蓮華経」あるいは「妙法」と書いてくれます。これが御首題で、日蓮宗では信仰の証、参拝の証に授与するものです。「南無妙法蓮華経」はお経にはない言葉で日蓮宗の開祖日蓮が唱えたものです。

【曼荼羅(まんだら)】

宇宙や浄土を絵図で表したもの

多くの仏が描かれている仏教絵画です。仏がすむ宇宙や浄土の姿を表し、仏の教えが隅々まで広まっていることを表します。密教では大日如来を中心に描き、大日如来の知恵が現世で実践される様子を示しています。

【縁日(えんにち)】

祀られている仏様に縁のある日

御本尊や脇侍など、そのお寺に祀られている仏が現れた日やお寺を開創した日など縁のある日。この日に参拝すれば仏と縁が結ばれ、通常の日に勝る御利益があるとされます。薬師は8・12日、阿弥陀は15日、観音は18日、大師は21日、閻魔は16日、地蔵は24日などです。

【護摩(ごま)】

炎で煩悩や災難を焼き祓う行法

不動明王や愛染明王の前に火をたく炉を備えた壇(護摩壇)を設け、儀式に則り、木札を燃やす行のひとつです。木札は護摩木と呼ばれるもので人の悩みや災難を表し、火は知恵や心理を象徴しています。息災、招福、諸願を祈念します。

【三宝(さんぼう(さんぽう))】

仏宝、法宝、僧宝のこと

御朱印に押される三宝印は仏法僧のこと。聖徳太子が「十七条憲法」で「篤く三宝を敬え。三宝は仏法僧なり」と述べています。仏は仏のこと、法は仏の教え、僧は仏の教えを伝える人を指し、三宝を大切にすると救済が得られ、幸せになれるというのです。

行きつけ寺社の見つけ方！

困難にぶつかったとき、
気分が晴れないとき、
そんなときに行きつけの神社やお寺があれば、
すぐに参拝してパワーをもらえたり、
心を落ち着かせたりすることができます。
そんな神社やお寺を見つけるヒントをご紹介します。

撮影地：羽黒山神社

土地の守護神や菩提寺に参拝

日本全国には神社が約8万社、寺院は約7万7000寺もあります。

そのなかから「行きつけ」を見つけるには、自分が住んでいる地域の氏神（うじがみ）・産土神（うぶすながみ）をお祀りする神社や、先祖代々のお墓がある菩提寺を訪れるのがよいでしょう。

氏神・産土神とはその土地の守護神のこと。自分がその土地に住み始めてからずっと見守ってきてくれた神様といえます。昔の人々は血縁関係で結ばれた集団をつくって暮らすのが普通でした。彼らが守護神としてあがめたのが氏神です。

一方、産土神は、血縁に関係なく、その土地を守る神様として崇敬されてきた神様です。歴史のなかで徐々に氏神も地域の守り神となったことで両社の区別は曖昧になり、現在では両社を総称して氏神としています。氏神に対し、神社のある地域に住んでいる人々を氏子といいます。自分の住所の氏神がどこの神社かは、神社本庁のウェブサイトで各都道府県の神社庁の連絡先を調べ、電話で問い合わせると教えてくれます。

まずは氏神を祀る神社やご先祖様が眠るお寺に参拝し、御朱印を頂きましょう。

神社によくある「八幡」「稲荷」って？

同じ系列の神社では同じ御祭神を祀り、同じ御利益を頂けます。ですから、チャージしたいパワーによって参拝するべき神社が社名でわかるというわけです。

☆神社本庁のウェブサイトは
https://www.jinjahoncho.or.jp

【稲荷信仰】
商売繁盛や出世運の御利益で信仰されます。営業成績アップや招福祈願におすすめです。

【八幡信仰】
武家の守護神として祀られています。代表的な御利益は勝運。病気に打ち克つ力も頂けます。

【天神信仰】
学問の神様・菅原道真公をお祀りしているため、学業成就や合格祈願にも応えてくれます。

お寺ならお気に入りの仏様を探そう

聖観世音菩薩、お不動様、閻魔様など、拝観して「いいな！」と思ったら、その仏様とご縁がある証拠。いつお参りしてもあたたかく迎えてくれるはずです。お気に入りの仏様が祀られているお寺をめぐって、その仏様専用の御朱印帳を作るのもよいでしょう。

第二章

編集部が太鼓判！最強モデルプラン

2泊3日で関東1都6県を制覇！御朱印が凄い、運気が上がると評判の魅力あふれる寺社をめぐるモデルプランを作っちゃいました。御朱印もパワーもたっぷり頂ける聖地旅へ、出発！

最強聖地をめぐって運気爆上げ！

2泊3日弾丸ドライブプラン

1都6県ぐるり御朱印トリップ！

週末＋1日で御利益も御朱印も頂きまくる超欲ばりプランをご紹介。凄い御朱印が頂けるお寺や開運スポットいっぱいの世界遺産を訪れ、御利益絶大の東国三社参り、霊山詣りまでできちゃいます。人生を変える巡拝の旅へ、出発！

御本尊 釈迦牟尼如来（しゃかむににょらい）

1日目

旅の始まりは 個性派御朱印の授与から

宝徳寺（ほうとくじ）

群馬

約570年前に創建された禅寺です。住職は「お寺は癒やし、学び、修行、祈りの場であると考え、活動しています」と語ります。「参拝者にとって思い出に残るような個性的なものにしたい」との思いから、ユニークな御朱印を授与するように。迫力あるダルマ絵や優しい表情のお地蔵様が描かれた御朱印が評判を呼んでいます。

平和の火

原爆の残り火が分火されたもの。自分の、家族の、そして世界の平和を祈って静かに手を合わせましょう

御朱印のモチーフになっているかわいいお地蔵様は境内の随所にたたずんでいます

お地蔵様がいっぱい！

ほかの御朱印や御朱印帳はP.17・22で紹介！

墨書／達磨大師、佛心、奉拝、南無達磨大師　印／仏法僧寶の三宝印(丸印・角印)、桐生宝徳寺　●墨で描かれた達磨大師が印象的。達磨大師やお地蔵様が描かれた御朱印はバリエーション豊富です。月替わり御朱印の頒布もあります

DATA

宝徳寺

山号／大光山
宗旨／臨済宗
住所／群馬県桐生市川内町5-1608
電話／0277-65-9165
交通／東武鉄道「赤城駅」「相老駅」から車13分、またはおりひめバス「宝徳寺入口」からすぐ
拝観時間／9:00～16:00
御朱印授与時間／9:00～16:00（12:10～12:30は休憩時間、火・金曜は休み）
拝観料／無料
URL http://www.houtokuji.jp

床もみじの特別公開

5月は新緑の、11月は紅葉の床もみじを公開。本堂の床にもみじが映り込む幻想的な光景が見られるのは全国でも数ヵ所だけです。

1日目

8:20 北関東自動車道「太田桐生IC」 → 車40分 → 9:00 群馬 宝徳寺（滞在30分） → 車1時間30分 → 11:00 栃木 日光二荒山神社（滞在2時間） → 車2時間30分（＋休憩30分） → 16:00 茨城 鹿島神宮（滞在1時間） → 鹿島神宮周辺宿泊

北関東自動車道で鹿島神宮へ！ランチはSAPAで。運転時間が長いので途中休憩も入れて

栃木

聖地・日光の原点とされる
御利益たっぷりの世界遺産

日光二荒山神社（にっこうふたらさんじんじゃ）

朱塗りの楼門の先にたたずむ鳥居をくぐると拝殿です。御祭神は良縁を授けてくれる神様。縁結びを祈願したあとは、必ず神苑へ行きましょう。苑内には水に触れるとよい運気が定着するという二荒霊泉（ふたられいせん）や、願いを込めるとあらゆる良縁に恵まれる縁結びの笹など、御利益スポットがぎっしり並びます。金運アップに御神徳のある大国殿や、学業成就が期待できる朋友神社（ともじんじゃ）といった境内社も多数。御朱印は境内入口に立つ御朱印・祈祷受付所で頂けます。

主祭神
おおなむちのみこと
大己貴命
たごりひめのみこと
田心姫命
あじすきたかひこねのみこと
味耜高彦根命

神橋（しんきょう）
日光開拓のきっかけとなった伝説の残る橋。修行の場を求める勝道上人（しょうどうしょうにん）を向こう岸に渡すため、2匹の蛇が橋となったと伝わります

二荒霊泉
眼病が治り、若返りに効くという水と、おいしい酒が造れる水を引いた泉。お水取りも可能です。近くの茶店ではこちらの霊泉を使った抹茶やコーヒーなどが味わえます

御神木
拝殿の向かいにあるひとつの根から2本のスギが伸びる「夫婦杉」と御祭神親子にちなんだ三本杉の「親子杉」。夫婦円満や家庭円満の御利益を頂けます

願かけスポットが盛りだくさん！

参拝者の運気を上げる、気になる名所が密集しています。こちらで紹介したスポット以外にも見どころは多数。時間をかけてじっくりお参りを楽しんで。

運試し輪投げ
3つ投げてひとつでも入れば運気良好！

日光銭洗所
幸運をもたらす霊水でお金を洗うと福が舞い込むとか

良い縁の杜
鳥居の先に良縁スポットが集まっています

良い縁七福神の「特別朱印スタンプ」（1000円）が頂けます

美容と愛情運が上昇する「日光美人愛情御守」（1000円）

絵馬「良縁板」（500円）に縁結びの願いごとを書いてお祈りしましょう

\ 本殿 /

墨書／奉拝、二荒山神社　印／左三つ巴紋、日光山総鎮守・二荒山神社・下野国一之宮、小槌に日光だいこく様　●別宮や境内摂社の御朱印も頒布

\ 神橋 /

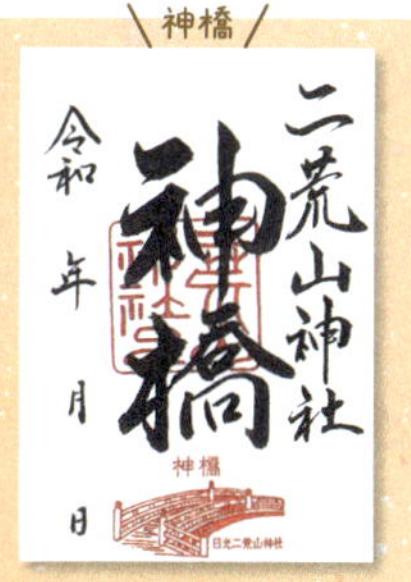

墨書／二荒山神社、神橋　印／二荒山神社印、神橋、日光二荒山神社　●美しい神橋の姿を印で表現しています。神橋のたもとにある社務所で授与

DATA
日光二荒山神社
創建／782（天応2）年
本殿様式／八棟造
住所／栃木県日光市山内2307
電話／0288-54-0535
交通／JR「日光駅」または東武日光線「東武日光駅」から徒歩40分
参拝時間／8:00～17:00（11～3月～16:00、受付終了30分前）
拝観料／無料（神苑300円）
URL http://www.futarasan.jp

2日目
8:00 鹿島神宮周辺 → 車30分 → 8:30 息栖神社（滞在30分）茨城 → 車30分 → 9:30 香取神宮（滞在1時間）千葉 → 車1時間45分（+休憩50分） → 13:05 武蔵一宮氷川神社（滞在1時間）埼玉 → 車1時間25分 → 15:30 常保寺（滞在30分）東京 → 車1時間 → 厚木駅周辺宿泊

高速道路を下りて武蔵一宮氷川神社までは渋滞覚悟で。神社周辺に食事処が少ないのでランチはSAPAで済ませて

茨城

夢に向けてがんばる人を「武の神様」があと押し

鹿島神宮（かしまじんぐう）

「東国三社参り」へ！
江戸時代に大流行した3社巡礼。鹿島神宮（ページ下）、息栖神社（P.51）、香取神宮（P.51）をめぐると、夢の実現に大きなパワーを頂けるといわれています。

「東国三社参り」のスタートは、一度はお参りしておきたい名社から。大鳥居をくぐり、境内に足を踏み入れると凛とした空気が漂います。楼門の先には、真っすぐ続く参道。通常は正面に本殿があるものですが、こちらでは右手（北向き）に建てられています。さらに先には奥宮へ向かって奥参道が続きます。御祭神はパワフルな武の神。夢を実現するための強い気持ちを伝えて祈願すれば、困難を克服するサポートをしてくださるはずです。

主祭神
武甕槌大神（たけみかづちのおおかみ）

奥参道
奥宮へは約300mの参道を歩きます。600種以上の巨木が立ち並び、野鳥も多く見られます

奥宮
徳川家康公が関ヶ原で勝利を収めたお礼として奉納した社殿

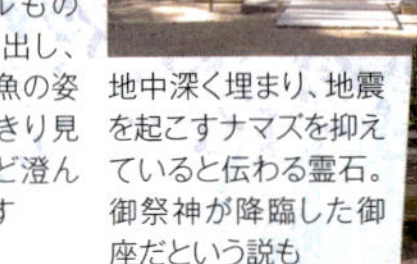

要石
地中深く埋まり、地震を起こすナマズを抑えていると伝わる霊石。御祭神が降臨した御座だという説も

御手洗池
境内最奥の池。1日40万リットルもの水が湧出し、水底や魚の姿がはっきり見えるほど澄んでいます

本殿&御神木は必ず拝観を

拝殿のさらに奥にあるのが御祭神をお祀りする本殿。極彩色の装飾が荘厳な雰囲気を漂わせる強力なパワースポットです。後方には樹齢1300年という御神木のスギがそびえています

「神鹿みくじ」（500円）。内部におみくじが入っています

「鹿島立守」（1000円）は独立・開業などスタート時の成功を祈願する出世開運のお守り

本宮

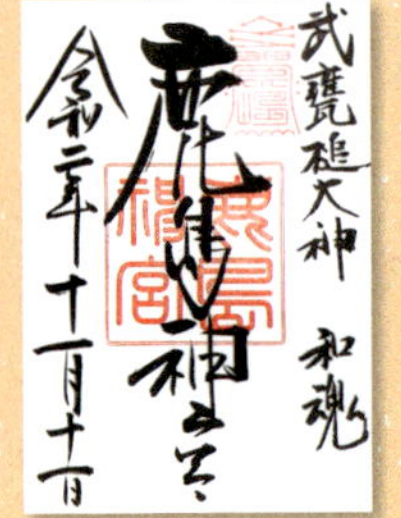

墨書／武甕槌大神、和魂、鹿島神宮　印／鹿島神宮　●御祭神の名と神様の平和的な側面である「和魂（にぎみたま）」の文字が書かれます

奥宮

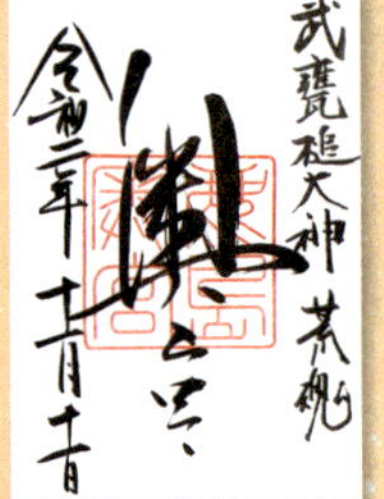

墨書／武甕槌大神、荒魂、奥宮　印／鹿島奥宮　●奥宮には御祭神の荒々しい側面「荒魂（あらみたま）」が祀られていることがわかります

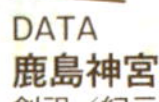

表　裏

朱塗りの楼門と参道のスギが刺繍されています。圧倒的な存在感は御朱印帳になっても健在です。裏はシンプルに神紋と社名のみ（1200円）

ほかの御朱印帳はP.23で紹介！

DATA
鹿島神宮
創祀／紀元前660年
本殿様式／三間社流造
住所／茨城県鹿嶋市宮中2306-1
電話／0299-82-1209
交通／JR鹿島線・鹿島臨海鉄道「鹿島神宮駅」から徒歩10分
参拝時間／自由
御朱印授与時間／8:30～16:30
URL http://kashimajingu.jp

写真提供:鹿島神宮

3日目

8:00 厚木駅周辺 →車30分→ 8:30 大山阿夫利神社近くの駐車場 →徒歩15分（待ち15分）→ 9:00 大山ケーブル駅（山麓駅）→ケーブルカー6分→ 9:06 阿夫利神社駅（山上駅）→徒歩4分→ 9:10 神奈川 大山阿夫利神社（下社）（滞在45分）→徒歩4分

神社のケーブルカーに最も近い駐車場はすぐに満車になるため、朝一番に到着するのがおすすめ。ケーブルカーの駅までは「こま参道」を歩きます

体調と装備が万全なら本社まで登拝を（登山1時間30分、下山1時間）

主祭神
久那斗神（くなどのかみ）
天乃鳥船神（あまのとりふねのかみ）
住吉三神（すみよしさんしん）

2日目

御神体の聖なる井戸が幸運を呼び込む！？

茨城

息栖神社（いきすじんじゃ）

境内に入ると両側に樹木が茂る参道が本殿まで続きます。御祭神の久那斗神は路、除災祝福、さらに井戸の神様です。常陸利根川沿いの一の鳥居両側にふたつの小さな鳥居がある場所は「忍潮井（おしおい）」と呼ばれる日本三霊泉のひとつ。井戸の底には男瓶（おがめ）、女瓶（めがめ）と呼ばれる瓶が沈められ、瓶が見えると御利益が得られると伝わります。

墨書／東國三社　印／息栖神社、左三つ巴紋・息栖神社
●右下の印は三笠宮彬仁親王から下賜されたもの。篆書体で「息栖神社」と書かれています

招霊（おがたま）の木

幸運をもたらす精霊が宿るといわれます。毎年5月頃に可憐な花を咲かせます

DATA
息栖神社
創建／270年頃（応神天皇の時代）
本殿様式／入母屋造
住所／茨城県神栖市息栖2882
電話／0299-92-2300
交通／JR総武線「小見川駅」から車10分
参拝時間／自由
御朱印授与時間／8:30～16:00
URL https://ikisujinja.com

一の鳥居と忍潮井

忍潮井は小さな鳥居が建てられた四角い井戸。1000年以上もの間、絶えず清水が湧き続けているとされます。「日本三霊泉」のひとつです

千葉

心の迷いを断ち切り運命を切り開く力を授かる

主祭神
経津主大神（ふつぬしのおおかみ）

香取神宮（かとりじんぐう）

「東国三社参り」の結びはこちら。朱色の楼門を抜けた正面に建つ黒漆塗りの御殿を前にすると、自然と背筋が伸びます。「香取」はかつて「楫取」とも記されていて、物事をよい方向へ導いてくださる（＝かじを取る）神様として御神徳があります。迷いがあるときに決断力を授け、運命を切り開く力をもたらしてくれることでしょう。

墨書／下総國一之宮　印／香取神宮　●下総国（現在の千葉県北部）の一之宮であり、全国に約400社ある香取神社の総本社です

DATA
香取神宮
創建／神武18年（約2660年前）
本殿様式／両流造（権現造）
住所／千葉県香取市香取1697-1
電話／0478-57-3211
交通／JR成田線「佐原駅」から車10分、または佐原循環バス「香取神宮」から徒歩5分
参拝時間／自由
御朱印授与時間／8:30～17:00
URL https://katori-jingu.or.jp

「体育勝運御守」（1000円）は武道、スポーツ選手に人気

三本杉

「3つの願いが成就すれば、この杉自ら三岐に分かれん」と祈願したところ、ひと株のスギが三枝に分かれたという伝説が残ります。中央のスギは空洞です

10:00頃 阿夫利神社駅（山上駅） → ケーブルカー6分 → 10:06 大山ケーブル駅（山麓駅） → 車+徒歩1時間30分 → 11:40頃 神奈川 建長寺（滞在1時間） → 車30分 → 13:10 横浜横須賀道路「朝比奈IC」

主祭神
須佐之男命（すさのおのみこと）
稲田姫命（いなだひめのみこと）
大己貴命（おおなむちのみこと）

広大な境内をめぐって
最良の縁結びパワーを頂く

武蔵一宮（むさしいちのみや）
氷川神社（ひかわじんじゃ）

創建2400年以上、「大いなる宮居」とたたえられ、「大宮」という地名の由来になったといわれる日本屈指の古社です。ケヤキ並木が続く長い参道を進み、楼門をくぐると、開放的で明るい境内が広がります。拝殿では、恋愛や仕事のご縁など、思いおもいの良縁を祈願しましょう。約3万坪の広い境内には、開運招福や健康長寿、酒造りなどを司る神々を祀る13もの境内社が鎮座しています。すべて参拝すれば御利益をいっぱい頂けそうです。

神橋

境内にある神池に架かる橋。神池は龍神がすんでいたという巨大な沼「見沼（みぬま）」の名残とされています。向こう岸に色鮮やかな朱色の楼門が見えます

13の境内社のうち特にこちらをCheck！

門客人神社（もんきゃくじんじんじゃ）

拝殿の右手にひっそり鎮座。夫婦神を祀ることから縁結びや家庭円満のパワーを頂けます。社殿は江戸時代の造営で市の文化財指定を受けています

宗像神社

神池の中島にあるお社。三柱の女神が祀られ、芸能上達などの御利益があるといわれています。強力なパワーがうずまいているというウワサです

御神威を感じる「蛇（じゃ）の池」は必訪

神社発祥の地ともいわれる神聖な場所。楼門左手奥にあり、地中深くから湧き水が出ています。かつては禁足地でしたが、数年前に一般公開されました。近くにある「御神水」でお水取りも可能。

「御神水」は煮沸して飲料水として使用する人が多いそう

「ふくろ絵馬」（各500円）。プライバシー保護のため、紙の絵馬に願い事を書いて袋に納めて掛けます。全10色

「身守（小）」（500円）はさまざまな災いから守ってくれるお守り

黄色と金糸が豪華な「開運守」（700円）

墨書／奉拝、武蔵一宮 氷川神社　印／八雲紋、氷川神社　●神紋の「八雲」は、御祭神が宮殿を建てたときに周囲に立ち込めたという吉兆の瑞雲を表しています

ほかの御朱印帳はP.23で紹介！

御朱印帳は楼門が描かれた「楼門」と神紋の八雲がモチーフの「雲」の2種。「雲」は1年の前半と後半で色が変わります（各2000円、御朱印含む）

DATA
武蔵一宮 氷川神社
創建／紀元前473（孝昭天皇3）年
本殿様式／流造
住所／埼玉県さいたま市大宮区高鼻町1-407
電話／048-641-0137
交通／JR「大宮駅」東口から徒歩15分
参拝時間／春・秋5:30～17:30、夏5:00～18:00、冬6:00～17:00
御朱印授与時間／8:30～16:30
URL http://musashiichinomiya-hikawa.or.jp

御本尊
しゃかにょらい
釈迦如来

住職が考案する御朱印を
常時10種類ほど授与

常保寺（じょうほじ）

東京

室町時代創建。寺宝として釈迦が入滅する様子を描いた大涅槃図を所蔵しています。江戸時代の作とされ、通常は描かれない猫が登場する珍しいものです。毎年1月から2月に一般公開されます。絵印が印象的な御朱印は常時約10種類を授与。御本尊や猫地蔵、龍など、モチーフはさまざま。御朱印帳に直接書いていただけるものも。

ほかの御朱印と御朱印帳は
P.19・22で紹介！

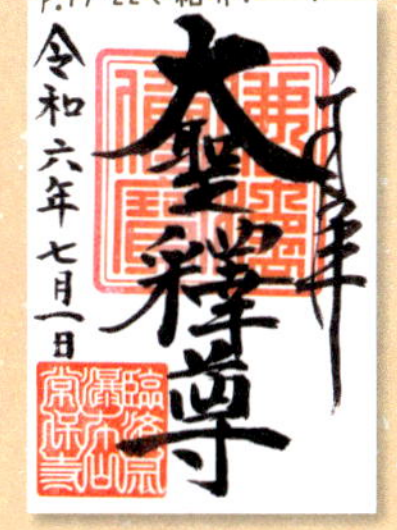

墨書／奉拝、大聖釈尊　印／佛法僧寶の三宝印、臨済宗瀑布山常保寺　●住職が不在の場合もあるためウェブサイトで対応可能な日時の確認を

どこかユーモラスな「開運 招き猫地蔵」。開運招福、商売繁盛、千客万来の御利益があるとか

背面に
「南無妙法蓮華経」
と彫ってあります

御本尊の釈迦如来像は18～19世紀の作でヒノキ材の寄木造。日光・月光菩薩を脇侍としています

DATA
常保寺
山号／瀑布山　宗旨／臨済宗建長寺派
住所／東京都青梅市滝ノ上町1316
電話／0428-22-2418（御朱印に関する電話での問い合わせは不可）
交通／JR青梅線「青梅駅」から徒歩5分
拝観時間／9:00～17:00
御朱印授与時間／10:00～11:45、13:00～15:00　拝観料／無料
URL https://jyouhoji.jiin.com

3日目

神奈川

神々がすまう聖なる山で
大いなるパワーを頂く

大山阿夫利神社（おおやまあふりじんじゃ）

標高1252mの大山頂上に本社、標高700mの中腹に下社があります。下社まではケーブルカーで上がれますが、本社までは片道約1時間30分の登山です。古くから関東総鎮護の霊山とされ、御祭神は災いを除き、人と人など、さまざまな絆を取りもつパワーの持ち主。江戸時代は庶民の登拝「大山詣り」が盛んで、年間20万人もの参詣があったとか。

レトロな石段の参道を
上ったらケーブルカーで
下社へ！

主祭神
おおやまつみのおおかみ
大山祇大神

神泉

拝殿の右脇から地下に入ると、大山の清水を引いた泉が。透明度抜群の清らかな水からは延命長寿の力を頂けます

飲用やお水取りの場合は龍の口から「神水」を頂きましょう

名水が入った
「神水ボトル」
（200円）
もあります

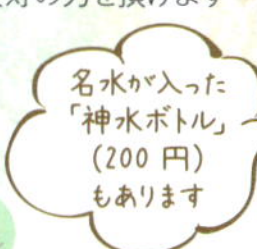

神社直営の絶景カフェ「茶寮 石尊（せきそん）」

下社の拝殿右手にあるカフェでは御神水で入れたコーヒーなどを味わえます。眼下に相模湾、はるか三浦半島まで見渡せる眺望抜群のテラス席が人気です。

営業時間／9:50頃～16:30
※ケーブルカー終了の30分前閉店
休み／不定休

第二章

片道約1時間30分の登山で本社へ

登拝は準備をしっかり!

下社で登山の無事を祈ったら、まずは登拝門脇の祓所にある大麻（おおぬさ）で体を祓い清めてから登山開始！　長くて急な階段を上り終えると、木立に囲まれた山道に突入します。休憩をとりながら登って。山頂にある本社からの景色は息をのむ絶景です。

最高の眺望です！

時間があったら龍神伝説が残る「二重滝」にも足を延ばして

本社に到着！

急な階段が続きます

江戸時代から知られる「富士見台」

下社

墨書／関東総鎮護、大山阿夫利神社　印／関東・総鎮護・大山阿夫利神社、阿夫利神社下社之印　●雨乞い信仰の「あめふらし」が転じて「阿夫利」になったそう

本社

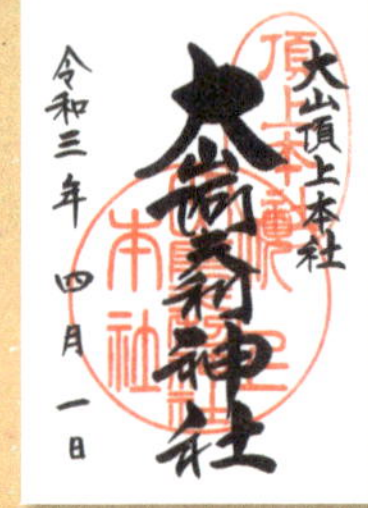

墨書／大山頂上本社、大山阿夫利神社　印／頂上本社、頂上・本社・大山阿夫利神社　●社務所が閉じているときは、お参りした旨を伝えれば下社でも頂けます

DATA
大山阿夫利神社
創建／約2200年前
本殿様式／不詳
住所／神奈川県伊勢原市大山355
電話／0463-95-2006
交通／神奈川中央交通バス「大山ケーブル駅」下車、徒歩15分の「大山ケーブル駅（山麓駅）」からケーブルカー6分、「阿夫利神社駅（山上駅）」下車、徒歩4分
参拝時間／自由
御朱印授与時間／ケーブルカーの運行時間に準ずる
URL http://www.afuri.or.jp

ほかの御朱印帳はP.22で紹介！

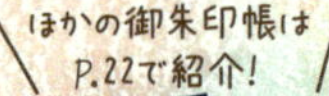

表は下社から大山頂上を拝した風景、裏は下社境内にある獅子山を刺繍した御朱印帳（1800円）

神奈川

鎌倉五山第一位 臨済宗建長寺派の大本山

建長寺

御本尊
地蔵菩薩（じぞうぼさつ）

創建は1253（建長5）年、七堂伽藍と49の塔頭を擁する大寺でした。日本最初期の禅道場として千人もの修行僧がいたと伝わります。三門の先に御本尊を祀る仏殿があり、その背後に建つのは法堂です。方丈へ歩き、250段ほどの石段を上ると、建長寺の鎮守・半僧坊大権現を祀る半僧坊に到着。境内からは鎌倉市街や相模湾を一望できます。

DATA
建長寺
山号／巨福山
宗旨／臨済宗大本山
住所／神奈川県鎌倉市山ノ内8
電話／0467-22-0981
交通／JR横須賀線「北鎌倉駅」から徒歩15分
拝観時間・御朱印授与時間／8:30～16:30
拝観料／500円
URL https://www.kenchoji.com

半僧坊への階段を上った高台に迫力ある烏天狗像が立っています

法堂の天井には、日本画家小泉淳作が描いた縦10m、横12mの水彩画「雲龍図」が広がります

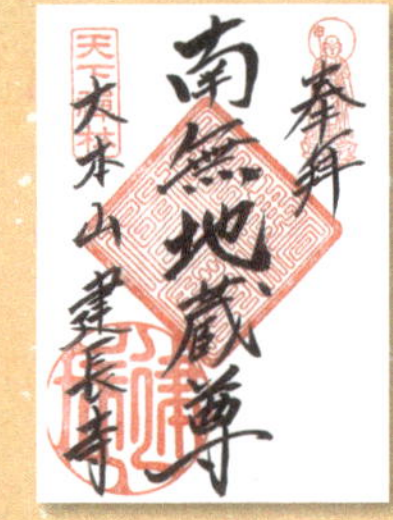

墨書／奉拝、南無地蔵尊、大本山建長寺　印／地蔵尊、仏法僧寶の三宝印、天下禅林、建長　●このほか、半僧坊大権現などの御朱印も頂けます

Part 1 第三章

山の聖地

神の領域に最も近いとされ、
古くから崇拝の対象とされてきた、山。
山を登り、空を仰ぎ、
拝むことですべてが浄化され、
雄大にそびえ立つ
山の力を感じられるはずです。

首都圏からのアクセス良好！
自然豊かな秩父でエネルギーを満タンに

埼玉 1泊2日プラン

都心から電車で約1時間30分。埼玉県北西部に位置する秩父は、「秩父三社※」をはじめ強力なエネルギーを頂けると評判の寺社が集まります。雄大な山々に抱かれた聖地を2日かけてじっくりめぐり、明日への活力を充電しましょう。

※三峯神社（本ページ）、秩父神社（P.57）、寶登山神社（P.59）のこと

1日目 神聖な霧の霊気で心身をリフレッシュ

三峯神社（みつみねじんじゃ）

主祭神
伊弉諾尊（いざなぎのみこと）
伊弉冊尊（いざなみのみこと）

旅の始まりは関東屈指のパワースポットと称される古社から。奥秩父の山中、標高約1100ｍの御神域に鎮座しています。木々に覆われるようにして立つ拝殿は、極彩色の装飾が華麗です。また、神社のある三峰は霧がかかりやすい場所。霧は神のお使いであるオオカミの霊気といわれ、邪気や厄を祓い、活力をくれるといわれています。霧のなかを歩くと体いっぱいにキレイな空気が満ち、参拝後は心身ともに浄化されたような気持ちになれるはず。

御神木

拝殿前にある樹齢800年の「重忠（しげただ）杉」。堂々とした立ち姿から確かな神気を感じます。「重忠」とは鎌倉時代の武将・畠山重忠のこと

オオカミを祈祷により札に収め、1年間自宅に貸し出していただく「御眷属拝借（ごけんぞくはいしゃく）」（5000円）。お札には諸厄を祓う強力な御神徳が！

御神木が内符として納められている「氣の御守」（各1000円）。勇気や元気、やる気を与えてくれます。全4色

神のお使いはオオカミ

鳥居の両脇にいるのは、狛犬ではなくオオカミの像。かつてオオカミは農作物を荒らすイノシシやシカを退治する大切な動物でした。そこで秩父では災難を除く霊力をもった神のお使いとしてオオカミをあがめてきました。

墨書／登拝、三峯神社　印／三峰神社　●オオカミの絵付きの書き置き御朱印。口は狛犬のように「阿吽（あうん）」になっています

DATA
三峯神社
創建／111（景行天皇41）年
本殿様式／春日造
住所／埼玉県秩父市三峰298-1
電話／0494-55-0241
交通／西武バス三峯神社線「三峯神社」からすぐ
参拝時間／自由（社務所9:00～17:00）
御朱印授与時間／9:00～17:00
URL http://www.mitsuminejinja.or.jp

龍神様の力を感じる
秩父霊場発祥の地へ

秩父今宮神社（ちちぶいまみやじんじゃ）

御本尊
伊邪那岐神（いざなぎのみこと）
伊邪那美（いざなみのみこと）
須佐之男命（すさのおのみこと）
八大龍王神（はちだいりゅうおうしん）

かつては「今宮坊」と称する神仏習合の一大霊場であり、江戸時代にはこちらを参拝してから札所巡りを始めたのだという。境内には秩父最古の泉と伝わる龍神池や、龍王が宿るという御神木、清龍の滝など見どころが多数あります。

DATA→P.89

「清龍の滝」はお清めの霊水

境内の右手にあるのは、「平成の名水百選」にも選ばれた武甲山の伏流水が湧く龍神池から水を引いた滝です。この水で洗ったお金で宝くじを購入したら当選したという報告もあるとか。

境内のほぼ中央に立つ欅の古木。生命力にあふれた大木は「龍神木」と呼ばれています

運命を切り開くための
知恵とパワーを授かる

秩父神社（ちちぶじんじゃ）

秩父盆地の中央に位置します。御鎮座二一〇〇年を誇り、例大祭「秩父夜祭」で有名な秩父地方最古のお社です。御祭神は知恵の神様と秩父開拓の神様。悩みや心配ごとの解決策を示し、困難を切り開く力を授けてくれます。

主祭神
八意思兼命（やごころおもいかねのみこと）
知知夫彦命（ちちぶひこのみこと）
天之御中主神（あめのみなかぬしのかみ）
秩父宮雍仁親王（ちちぶのみややすひとしんのう）

社殿の彫刻をチェック

体は本殿を、頭は真北を向いて御祭神を守っている「北辰の梟」や、日光の三猿とは反対に「よく見て、よく聞いて、よく話す」姿が印象的な「お元気三猿」など、魅力的な彫刻が施されています。

おみくじに挑戦を！

おみくじを引き、水に浮かべて占う「水占い」（200円）はよく当たると評判です

DATA
秩父神社
創建／紀元前87（崇神天皇11）年
本殿様式／権現造
住所／埼玉県秩父市番場町1-3
電話／0494-22-0262
交通／秩父鉄道「秩父駅」から徒歩3分
参拝時間／6:00～20:00
御朱印授与時間／9:00～17:00
URL http://www.chichibu-jinja.or.jp

御朱印帳はP.23で紹介！

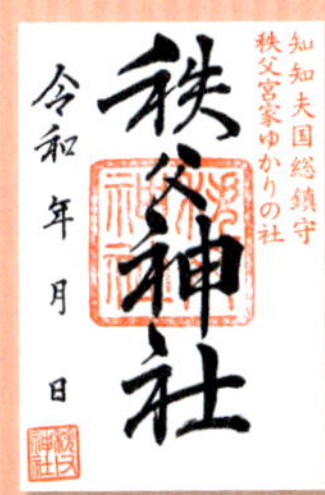

墨書／秩父神社　印／知知夫国総鎮守、秩父宮家ゆかりの社、秩父神社、秩父神社　●御朱印を頂くと神様の力を頂戴できます

1日目

9:10 西武秩父駅 ← バス+徒歩 1時間20分 ← 10:30 三峯神社（滞在 約2時間）（周辺でランチ） ← バス45分（+待ち合わせ時間） ← 13:39 三峰口駅 ← 秩父鉄道 36分（乗り換えあり） ← 14:15 御花畑駅 ← 徒歩 7分 ← 14:22 秩父今宮神社（滞在 約1時間30分） ← 徒歩 10分 ← 16:10頃 秩父神社（滞在 約50分） ← 徒歩 3分 ← 17:00頃 秩父駅周辺泊

※時刻は土曜・祝日の時間です

開運招福を願うなら銭神様におまかせ！

聖神社（ひじりじんじゃ）

主祭神
金山彦命（かなやまひこのみこと）
国常立命（くにのとこたちのみこと）　大日孁貴命（おおひるめのむちのみこと）
神日本磐余彦命（かむやまといわれひこのみこと）　元明金命（げんめいかなかねのみこと）

日本最初の流通貨幣「和同開珎」ゆかりの地として、お金の神様「銭神様」を祀ることから金運アップの御利益は絶大です。ロトや宝くじの高額当選のお礼がたくさん寄せられていることからもその御神威の強さがうかがえます。また、社宝のひとつに銅製のムカデがあります。ムカデは「百足」と書くように足がいっぱい。金のことを「おあし」ということから、ムカデはお金に困らないことを意味し、銭神様のお使いとされています。

黄色い幟が目印です

直径3mの巨大モニュメント
社殿右手の「和同開珎」を模したモニュメントが目を引きます。和銅の産地といわれる遺跡が近くにあることから和同開珎ゆかりの神社とされています

和同開珎をイメージした絵馬(500円)

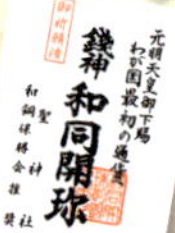

お守り「銭神和同開珎」(700円)はお財布に入れて持ち歩いて

おみくじ(200円)もゴールド！　大大吉が出るとうれしさ倍増です

ムカデを配した「福財布」(1500円)。宝くじを入れて高額当選祈願を

招財 進寳
銭神 聖神社

「招財進寶」(700円)は金色に輝くカード形のお守りです

墨書／奉拝、聖神社　印／和銅献上の里、和同開珎、聖神社、聖宮之印　●「御神徳を賜るように」と心を込めて書いてくださいます

御朱印帳(1500円)。表に拝殿、裏に神のお使いのムカデが描かれています。金運が上昇しそうな金色です

DATA
聖神社
創建／708(和銅元)年
本殿様式／一間社流造
住所／埼玉県秩父市黒谷2191
電話／0494-24-2106
交通／秩父鉄道「和銅黒谷駅」から徒歩5分
参拝時間／自由
御朱印授与時間／9:00～16:30

2日目

早起きして雲海を見に行こう

展望台からは秩父市街を一望！　雲海が見られなくても、景色を楽しみながら事前に用意した朝食を楽しむなどできます

がんばって日の出前に起きたら、雲海スポットとして知られる「秩父ミューズパーク」の展望台へ！　盆地にある秩父では、条件が揃えば明け方～早朝に市街地を覆うように雲海が発生します。発生率はピークの11月で50%程度。"見られたらラッキー"という気持ちで望みましょう。

DATA
秩父ミューズパーク
住所／埼玉県秩父郡小鹿野町長留2518
電話／0494-25-1315
交通／西武バスミューズパーク線「展望台入口」から徒歩3分(1便は8:00台のため、それ以前の場合はタクシー利用)
営業時間／施設によって異なる
休み／無休　料金／入園無料
URL https://www.muse-park.com

全国から届くお礼の報告

社殿に備えられたボードには、参拝者がお礼や思いを書いた紙片が貼られています。「ロトに当たりました」「宝くじ当選御礼」などの報告がずらりと並ぶなか、億単位のお金が当たったというお礼も！

2日目

5:50 秩父駅 → タクシー10分(展望台まで) → 6:00 秩父ミューズパーク(展望台で朝食／滞在約2時間30分) → タクシー10分 → 8:49 秩父駅 → 秩父鉄道8分 → 8:57 和銅黒谷駅 → 徒歩5分 → 9:00頃 聖神社(滞在約1時間10分) → 徒歩5分 → 10:15 和銅黒谷駅 → 秩父鉄道14分 → 10:29 長瀞駅 → 徒歩15分 → 10:45頃 寶登山神社(滞在約50分) → 徒歩10分 → 11:45 宝登山麓駅 → 宝登山ロープウェイ10分 → 11:55 宝登山頂駅 → 徒歩5分 → 12:00 寶登山神社奥宮(滞在約55分) → 徒歩5分 → 13:00 宝登山頂駅 → 宝登山ロープウェイ10分 → 13:10 宝登山麓駅 → 徒歩10分 → 13:20 長瀞駅

欄間に多くの彫刻が見られる本殿

神が宿る聖なる空間で心にうるおいを

寶登山神社（ほどさんじんじゃ）

大きな白い鳥居の向こうに荘厳なたたずまいの本殿が鎮座。幕末から明治初期にかけて再建され、2009（平成21）年に鎮座1900年を記念して改修、彫刻には美しい彩色が施してあります。山火事の危機を神犬の助けで消し止めたという由緒から、火災盗難除け、諸難避けの守護神としての霊験あらたか。年間100万人を超える参拝者が訪れます。お参りを終えたら、ロープウエイに乗って山頂の奥宮へ。霧と木々の緑に包まれた奥宮は神秘的です。

本殿

墨書／寶登山神社、登拝　印／秩父長瀞、青渕ゆかりの社、寶登山神社、寶登山神社々務所印　●青い印の「青渕」は渋沢栄一の雅号です

奥宮

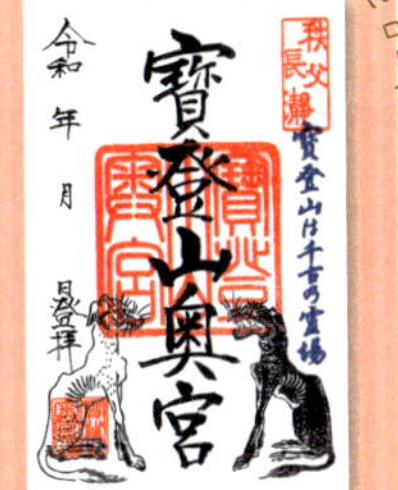

墨書／寶登山奥宮、登拝　印／秩父長瀞、寶登山は千古乃霊場、寶登山奥宮、寶登山奥宮印　●青い印は渋沢栄一の詠んだ歌。境内に歌碑もあります

※御朱印はどちらも書き置き

奥宮へはロープウエイを利用

ロープウエイ山頂駅から奥宮までしばし散策

「大切な心の豊かさ」＝「寶（宝）」が育つよう祈りが込められた「吉祥寶守」（1000円）

御朱印帳（1800円）は水の流れと桜がモチーフ。裏は社紋の桐が表されています

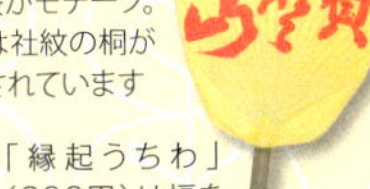

「縁起うちわ」（300円）は福を招くうちわです

DATA
寶登山神社
創建／110（景行天皇40）年　本殿様式／権現造
住所／埼玉県秩父郡長瀞町長瀞1828　電話／0494-66-0084
交通／秩父鉄道「長瀞駅」から徒歩15分　参拝時間／自由
御朱印授与時間／8:30～16:30　URL http://www.hodosan-jinja.or.jp

霧深い山に鎮座する奥宮

宝登山山頂497.1m、東征の途中、山火事に襲われたヤマトタケルノミコトをオオカミ（神犬）たちが救ったという伝説の地に立ちます。狛犬は三峯神社（P.56）同様、神のお使いとされるオオカミです

山の聖地 絶対行きたいオススメ寺社1

神々しい「気」が流れる茨城屈指の聖地

縄文時代から聖域とされてきた神秘的な霊山・御岩山には百八十八柱もの神々がすんでいます。

茨城

御岩神社【おいわじんじゃ】

緑濃い巨木がそびえ、空気がピンと張りつめた境内は、まさに神々が宿る静かな神域。創建は不詳ですが、なんと3000年以上も前の縄文後期に、すでにこの地で祭祀が行われていたと推測されています。百八十八柱もの神道の神様のほかに、仏教の阿弥陀如来や大日如来もお祀りされ、境内全域に古代信仰を思わせる独特の雰囲気が漂います。朱塗りの橋を渡って拝殿にお参りしたら、いよいよ登拝スタート。山中の表参道を20分ほど歩くと、奥宮の「かびれ神宮」が見えてきます。さらに参道を20分ほど登ると御岩山の山頂に到着します。

山道を歩いてパワー満ちる奥宮へ

拝殿からの表参道は平坦な道が続き、やがて険しい山道の登りになります。足元に気をつけながら進むと、山の霊気に囲まれて立つ「かびれ神宮」が姿を現します。

ここが聖地POINT

百八十八柱の神様が描かれたすごい霊場図

楼門をくぐると見られる「御岩山霊場図」には、御岩山にすむ神々が描かれています。あまりの数の多さに関東有数の霊山といわれるのも納得です。スマホの待ち受け画面にしたら、いつも神様に見守っていただけそうです

主祭神 / 主な御利益

国常立尊(くにとこたちのみこと)

伊耶那美命(いざなみのみこと)　大国主命(おおくにぬしのみこと)

諸願成就

神社の方からのメッセージ

御岩山は神域です。敬虔な気持ちでお参りしましょう。山頂へは山道を歩きますから、登山の装備(軽装備可)で、登拝ルートを外れないように。雨天や積雪時、15:00以降の入山は禁止です。山中にトイレはありません。

大木が連なる神秘的な参道に、平成に入ってから再建された楼門が立っています。樹木の緑に映える朱塗りが鮮やかです。楼門内には仁王の阿形(あぎょう)像と吽形(うんぎょう)像が安置され、天井に海と太陽、月が描かれています。

数々の伝説が残る山
竪破山（たつわれさん）

標高658m。山中には八幡太郎源義家が太刀のひと振りで割ったという「太刀割石（たちわりいし／写真）」などの奇岩&巨石が点在。片道約1時間のハイキングコースが整備されています。

DATA
住所／茨城県日立市十王町黒坂
電話／0294-22-2311（日立市産業経済部にぎわい施設課）
交通／椎名観光バス「黒坂（鬼越）」からハイキングコース入口まで徒歩約30分
散策時間／自由

香り高い手打ちそば
手打蕎麦（てうちそば） そば処（どころ） 入四間（いりしけん）

御岩神社近くにあるそば処。茨城県産の常陸秋そば粉に湧水を使ったそばは、かむほどに香りが広がります。地産野菜を使った天ぷらが味わえる「天ぷらそば（野菜）」（1000円）など。大盛りは200円プラス。

DATA
住所／茨城県日立市入四間町817-1
電話／0294-33-6170
交通／茨城交通バス「御岩神社前」から徒歩3分
営業時間／11:00～15:00（14:30LO）
休み／火曜

墨書／御岩神社　印／常陸國最古霊山、御岩神社
●中央に押される社紋の印は徳川御三家の水戸藩の祈願所だったことを示しています。代々の藩主が参拝に訪れたと伝わります

墨書／賀毗禮神宮　印／賀毗禮之高峰、賀毗禮神宮　●かびれ神宮の御朱印です。奈良時代に編纂された『常陸国風土記』に「賀毗禮の高峰」という記述があります

御神木「三本杉」は推定樹齢600年。幹の周囲は約9m、高さ約50mです。地上3mのところから幹が3本に分かれていて、ここには天狗がすんでいたとの伝承が残り、強力なパワーを放っています

錦袋のグラデーションが美しい「大日如来御守」（1000円）。写真は2025年の限定色です

「授守」（各700円）は、あらゆる願いがかない、幸せを授かるよう祈念したお守り。御岩山をイメージした三角錐のフォルムがすてきです

「厄除開運御守」（800円）。鏡が太陽になっている種類もあります

心と身体の健康を祈願した「心身健全守」（600円）。身近に持ちやすいようカードタイプになっています

神社でお祀りする八大龍王神をイメージした「運気上昇守」（1000円）

DATA
御岩神社
創建／不詳
本殿様式／神明造
住所／茨城県日立市入四間町752
電話／0294-21-8445
交通／茨城交通バス「御岩神社前」から徒歩2分
参拝時間／6:00～17:00
御朱印授与時間／9:00～17:00
URL http://www.oiwajinja.jp

山の聖地
絶対行きたいオススメ寺社 2

栃木

羽黒山を登って金運アップを願う

300年以上続く「梵天祭」が行われる神社。商売繁盛や金運アップの御利益を授かれます。

羽黒山神社
【はぐろさんじんじゃ】

神社が鎮座するのは羽黒山の山頂にほど近い海抜444m地点。スギと朱色の幟が立ち並ぶ参道を上って社殿前に到着したら参拝を。御祭神は万物創世の御利益があるという「作神（さくがみ）」です。五穀豊穣はもちろん、金運アップや安産祈願にも御神徳を発揮します。毎年11月には豊作や家内安全を願って例祭「梵天祭」を斎行。房が付いた15～18mほどの竿を担いで神社まで登ります。

ここが聖地POINT
富士山が見える“穴”

羽黒山神社からさらに奥の密嶽神社へ向かう途中に、「双神結び平」という開けた場所があります。天気のよい日なら角柱に穴を開けた「富士見の穴」をのぞくと、視線の先に富士山が。羽黒山にいながら富士山のパワーを頂けます

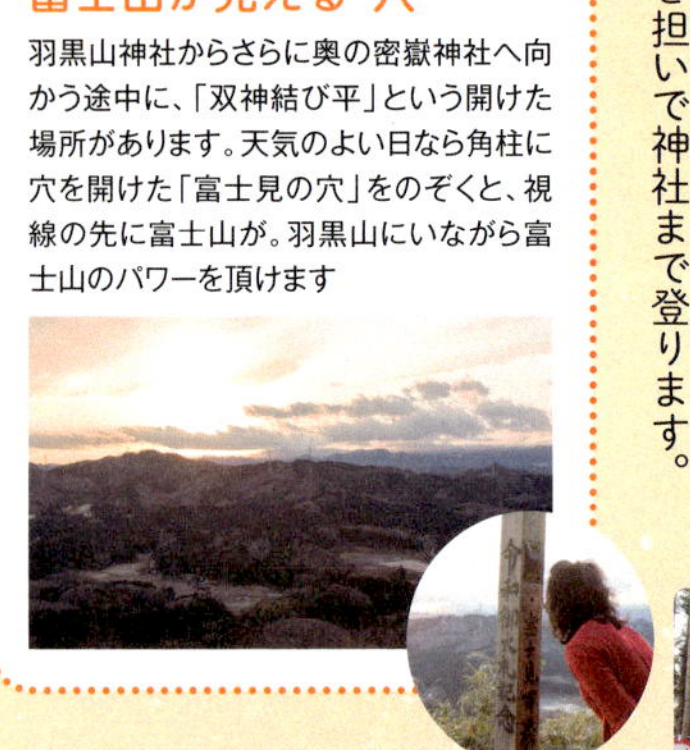

鳥居から続く215段の石段を上ります。途中に2本の木が根元で1本になった夫婦杉、別名「縁結びの杉」があります。推定樹齢450年の大木から縁結びのパワーを頂きましょう

柔らかな色合いの錦袋が美しい「厄祓御守」と「安産御守」（各500円）。作神様のパワーが満ちています

主祭神／主な御利益

稲倉魂命（うかのみたまのみこと）

五穀豊穣、金運、商売繁盛、家内安全、子孫繁栄など

「白蛇金運御守」（800円）は金運のシンボルである白蛇と金色がまぶしい小判が印象的です

ほかの御朱印はP.25で紹介！

墨書／奉拝、羽黒山神社、下野　印／羽黒山神社　●御朱印下部の印は、祭礼や季節の花など種類豊富。すべて宮司の手彫りです。密嶽神社の御朱印もあります

DATA
羽黒山神社
創建／1058（康平元）年
本殿様式／流造
住所／栃木県宇都宮市今里町1444
電話／028-674-3479
交通／関東バス「羽黒山入口」から徒歩50分
参拝時間／自由
御朱印授与時間／10:00～16:00

P.24 もチェック！

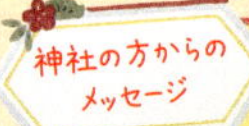

見晴らしのいい場所に位置しているので、絶景スポットがたくさんあります。天気がよければ筑波山や東京スカイツリーを見渡すことができますよ。山道が狭くなっているところもあるので、足元に十分気をつけてお越しください。

標高458mの羽黒山の頂上近くにある神社の周辺にはハイキングコースが整備され、四季折々の花や植物が楽しめます。周辺で見られる動物は約238種、植物は約974種にものぼり、特に植物はスズラン、サクラソウ、ヒトツボクロなど珍しい種類が自生しています。

茨城

大甕神社【おおみかじんじゃ】

エネルギーみなぎる日本神話の舞台

神が宿るという岩山は日本最古といわれる約5億年前のカンブリア紀の地層です。

大ヒット映画『君の名は。』のスピンオフ小説にも登場する、織物と星の神様の二柱を祀る全国でも珍しい神社。御祭神を祀る本殿は、拝殿の裏側にそびえる岩山の山頂に鎮座します。興味深いのはその岩山全体を「宿魂石(しゅくこんせき)」といい、甕星香々背男(=星神)の荒魂が鎮められていること。岩山には鎖場があり、本殿までちょっとした冒険気分を味わえます。鹿島・香取の神様が抑えることができなかった星神を岩山に封じたという御祭神は、災いを祓い、福を招くパワーがあると伝わります。森閑とした境内を歩くと、大地に渦巻く神々のエネルギーを感じられるようです。

主祭神／主な御利益
武葉槌命(たけはつちのみこと)　甕星香々背男(みかぼしかがせお)
開運、逆境に立ち向かう力など

ここが聖地POINT
岩山を登って本殿を参拝

拝殿右側の階段が本殿へ続く参道です。お参りするには鎖を頼りに岩山を登るため、本殿へ行く場合は動きやすい服装を心がけましょう。宿魂石からは困難に立ち向かい、運命を切り開くための力強いパワーを頂けそうです

浮き玉のように運気が上昇するよう祈願された「久志御玉(くしみたま)」

毎年7月7日に「甕星祭(みかぼしさい)」を斎行。夜間、本殿から甕星香々背男社までの参道があんどんで照らされます。星の神様の荒魂に感謝の意をささげ、参詣者に明るい未来が開けるよう祈念しています

限定御朱印と御朱印帳はP.13・22で紹介!

墨書／奉拝、大甕神社　印／大甕神社　●極太の字で墨書される社名がインパクト大！　神社の発するパワーが封じられているようなダイナミックな御朱印です

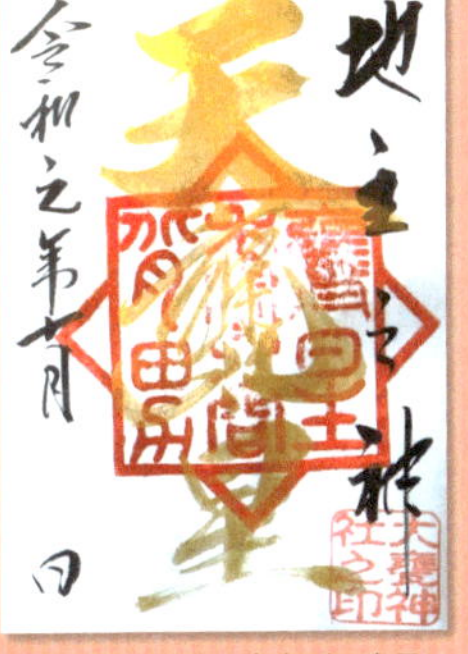

墨書／地主之神　金書／天甕星　印／甕星香香背男、大甕神社之印　●甕星香々背男の別名が金字で書かれます。「地主之神」とは土地の神様のことを意味します

毎月1日のみ限定で頒布される「甕星守」(2500円)。宿魂石が納められていて、一陽来復の御利益を期待できます。数量限定です

DATA
大甕神社
創建／紀元前660(皇紀元)年
本殿様式／権現造
住所／茨城県日立市大みか町6-16-1
電話／0294-52-2047
交通／JR常磐線「大甕駅」から徒歩15分
参拝時間／日の出から日没
御朱印授与時間／9:00～16:30
URL http://omikajinjya.sakura.ne.jp

神社の方からのメッセージ

国土開発と国家安寧に尽力された神として、大甕山上の古宮の地に武葉槌命(たけはつちのみこと)を祀り、祭祀が行われていました。1695(元禄8)年、藩命により現在の宿魂石上に遷座されて今にいたります。

6年に一度、寅・申の年に執り行われる「式年大祭(御濱降神事)」は、地域の安寧や大漁豊作を祈願する雄壮な祭事です。まずは御神体を大神輿に遷して氏子地域を巡回。久慈漁港から船渡御を行い、宿魂石の根元といわれる御根様を周回して還幸します。

茨城

筑波山神社【つくばさんじんじゃ】

神様が宿る霊山でパワーチャージ！

関東屈指の霊峰・筑波山に祀られた男女神が人間関係や仕事などの良縁を結んでくれます。

はるか昔から信仰の対象として崇敬されてきた筑波山。ふたつの峰が並ぶ様子から、男体山（なんたいさん）（標高871m）に男神を、女体山（にょたいさん）（標高877m）に女神が祀られるようになりました。拝殿は中腹にあり、ここから山上の境内地が御神体とされています。国生み神話に登場する男女二柱の神様から、縁結びや夫婦円満などの御利益が頂けると、年間をとおしてたくさんの人が参拝に訪れます。

主祭神／主な御利益

伊弉諾尊（いざなぎのみこと）　伊弉冉尊（いざなみのみこと）

縁結び、家内安全、健康成就、学業成就など

ここが聖地POINT

山頂から関東平野を一望

筑波山は「日本百名山」のなかで最も標高の低い山ですが、独立峰のため視界が開けています。女体山の頂上からは眼下に広がる関東平野を楽しめます。ぜひ登山して神様のパワーを感じて。山頂まではケーブルカーやロープウエイも利用できます

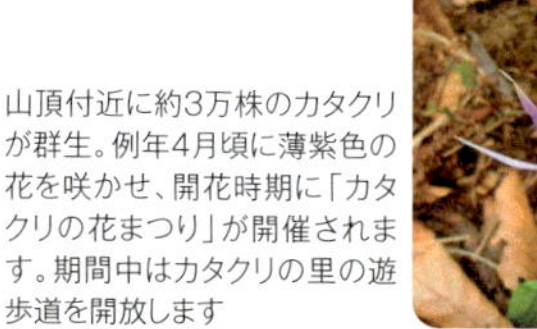

拝殿脇にある日枝神社本殿の蟇股（かえるまた）の装飾に「見ざる・言わざる・聞かざる」の三猿が。日光東照宮のものが有名ですが、筑波山神社にある彫刻のほうが古いといわれています

「縁結守」（1000円）は女体山山頂に架かる天の浮橋をデザイン

奉拝　筑波山神社　令和　年　月　日

墨書／奉拝、筑波山神社　印／天地開闢（かいびゃく）、筑波山神社、筑波山神社参拝章
●「天地開闢」は世界の始まりを意味。男体山本殿、女体山本殿の御朱印もあります

山頂付近に約3万株のカタクリが群生。例年4月頃に薄紫色の花を咲かせ、開花時期に「カタクリの花まつり」が開催されます。期間中はカタクリの里の遊歩道を開放します

DATA

筑波山神社

創建／不詳
拝殿様式／唐破風千鳥破風付入母屋造
住所／茨城県つくば市筑波1-1
電話／029-866-0502
交通／筑波山シャトルバス「筑波山神社入口」からすぐ
参拝時間／自由
御朱印授与時間／9:00～17:00
URL http://www.tsukubasanjinja.jp

神社の方からのメッセージ

筑波山は修験道の修行の場。ですから、山全体に神が宿っています。五感を研ぎ澄まし、岩に触れ、景色を見て、森の香りをかげば、神がさまざまな生命を与えてくださると感じられるのではないでしょうか。

筑波山の登山ルートは多彩。なかでも弁慶七戻りや胎内くぐりなど、巨岩や奇岩が続々と登場して見どころがいっぱいの「白雲橋コース」がおすすめです。筑波山神社から女体山山頂まで、2時間ほどで到着します。男体山へ登るコースよりもなだらかな登山道です。

栃木

日本で唯一「美人証明書」を頂ける神社

本城厳島神社（美人弁天）

【ほんじょういつくしまじんじゃ（びじんべんてん）】

住宅街にひっそりとたたずんでいます。
毎月2回、黄金の弁天様に会うことができます。

境内はこぢんまりとしていて、鳥居から本殿までは約30m。その参道の脇に美人弁天があります。美人弁天は御祭神の分身で、女性の「健康・長命・美」を司っています。社殿のすぐそばにある「なで弁天」の像をなでて弁天様の力をチャージしたら、授与所で「美人証明書」を頂きましょう。自分を見つめ直し、「幸せ美人」になるきっかけを与えてくださいます。

ここが聖地POINT
美の神様がいる「六角の宮」

参道の脇にある朱色の六角形の社に美人弁天の石像が納められています。黄金に輝く神々しい姿を拝観できるのは、社殿の扉が開かれる毎月第1・3日曜のみ。開扉日にはひと目その姿を見ようとたくさんの女性が訪れます

主祭神／主な御利益
いちきしまひめのみこと
市杵島姫命
身体健全、美容、長寿など

なでてお祈りすることで健康長寿、美容の御利益があるという「なで弁天」。心のバランスが整い、穏やかな気持ちになります

「美人証明」(100円)はカードサイズとはがきサイズの2種類。身につけることで弁天様の御加護が頂けるお守りでもあります

岩の上に座っている小さな「水かけ弁天」。柄杓で水をかけて嫌なことを洗い流しましょう

美人弁天のキャラクター、美美（みみ）ちゃんの「ストラップ型お守り」(各300円)

墨書／奉拝、美人辨天　朱書／美と健康長命　印／市杵島比賣命与利愛、美人の国足利、美人弁天之印　●「輝く人生を送れるように」という願いが込められています

DATA
本城厳島神社（美人弁天）
創建／1793（寛政5）年
本殿様式／不詳
住所／栃木県足利市本城2-1860
電話／0284-41-1382
交通／JR両毛線「足利駅」または東武伊勢崎線「足利市駅」から徒歩20分
参拝時間／自由
御朱印授与時間／第1・3日曜10:00～16:00
URL http://bijinbenten.com

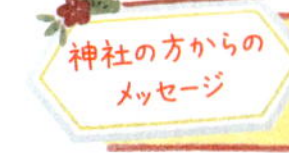

神社の方からのメッセージ

美人弁天を訪れると、女性のありのままの心の優しさが映し出されます。誕生日や記念日には美人弁天をお参りし、自分と対話して「心の鏡」と向き合い、新しい自分との出会いを発見しましょう。

美人とは、外見だけではなく、内面も美しくあることが大切です。美人証明を持ち歩けば、心穏やかな美しい女性になるとか。自分用にはもちろん、大切な人への贈り物にもぴったりです。美人弁天の開扉日以外は、神社そばのカー＆サイクル タナカで頂けます。

栃木

大谷寺【おおやじ】

岸壁に直接彫られた「大谷観音」

開山は810（弘仁元）年。弘法大師が毒蛇を退治し、岩に千手観音を彫り、里人を救ったと伝わります。仁王門から境内に入ると、御止山（おとめやま）の断崖を背にする本堂が見えます。堂内に入ると、衆生を救うため千の手を伸ばし静かにたたずむ千手観音が。脇堂に進むと、釈迦三尊、薬師三尊、阿弥陀三尊が彫られています。

純金箔入りの「白蛇御守」は開運の御利益があります（1000円）

毒蛇が心を入れ替え白蛇となって弁財天にお仕えしたと伝わる池

墨書／天開山、千手大悲殿、大谷寺　印／坂東十九番、千手観音を表す梵字キリクの印、大谷寺印　●御朱印を頂いたら、御本尊との絆の証、参拝の証として大切に

ここが聖地POINT

岩壁に彫られた高さ4mもの千手観音。秀麗さのなかに、エキゾチックな神秘性をたたえた姿は圧巻です

御本尊
千手観世音菩薩（せんじゅかんぜおんぼさつ）

大谷寺
大谷観音前
大谷
東北自動車道
119
70
4
JR東北本線
桜2
宇都宮駅
東武宇都宮駅
東武宇都宮線

DATA

大谷寺

山号／天開山　宗旨／天台宗
住所／栃木県宇都宮市大谷町1198
電話／028-652-0128
交通／関東自動車バス「大谷観音前」から徒歩3分　拝観時間・御朱印授与時間／8:30～16:30、10～3月9:00～（受付終了20分前）※木（祝日は営業）と12月26～31日は休み
拝観料／500円
URL http://ooyaji.jp

群馬

慈眼院【じげんいん】

東国花の寺百ヶ寺のひとつ

高崎白衣大観音をお守りする慈眼院は、鎌倉中期に高野山金剛峯寺の塔頭のひとつとして建立されました。その後、1941（昭和16）年、高野山別格本山として、この地に移転してきたのです。以来、北関東における観音信仰と弘法大師信仰の中心として多くの参拝客を集めています。約3000本の見事な桜も有名です。

六角堂に安置されている御本尊の別名は「一願観音」。縁結び、恋愛成就に御利益があり、ひとつだけ願いごとをかなえてくださいます

御本尊
聖観世音菩薩（しょうかんぜおんぼさつ）

墨書／奉拝、大白衣観世音、慈眼院　印／大白衣観世音菩薩、観世音菩薩を表す梵字サの印、峰之坊慈眼院　●本堂右手の授与所で頂けます

和田橋
高崎駅
高崎高
17
JR高崎線
白衣観音前
慈眼院
71
JR上越新幹線
203

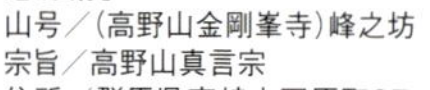

DATA

慈眼院

山号／（高野山金剛峯寺）峰之坊
宗旨／高野山真言宗
住所／群馬県高崎市石原町2710-1
電話／027-322-2269
交通／ぐるりんバス観音山線片岡先回り「白衣観音前」から徒歩2分
拝観時間・御朱印授与時間／9:00～17:00（11～3月～16:30）
拝観料／白衣観音の胎内拝観費用300円
URL https://takasakikannon.or.jp

ここが聖地POINT

観音山の頂上に立つ、高さ約42mの観音像の胎内から上毛三山を眺めると心が浄化されます

埼玉

日本一祈願ならおまかせ

日本神社

【にほんじんじゃ】

「日本」という名を冠することから、スポーツや技能で日本一を目指す勝運アップのパワースポットとして有名です。サッカー日本代表、オリンピック日本代表、高校野球の選手や関係者らが必勝祈願に訪れ、見事に勝利を手にしています。奉納されているダルマの青色はサッカー日本代表のサムライ・ブルーに由来しています。

主祭神／主な御利益

神武天皇（じんむてんのう）

スポーツ・技能、金運など

ダルマの絵馬（500円）はサムライ・ブルー。スポーツだけでなく受験必勝もOK！

「御守」（各500円）のお守り袋はブルーと、Japanと日の丸のデザインが鮮やかな赤の2種類

墨書／奉拝、日本神社　印／日本唯一の社、日本神社、青ダルマ　●御朱印は神社入口の新井商店か、児玉駅から徒歩10分ほどの児玉八幡神社で頂きます

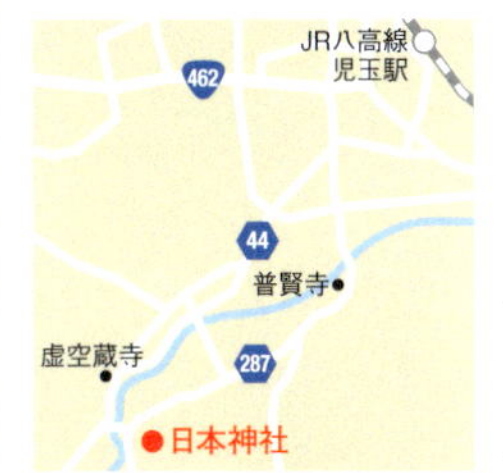

DATA
日本神社
創建／791（延暦10）年
本殿様式／流造
住所／埼玉県本庄市児玉小平1578
電話／0495-72-2656（児玉八幡神社）
交通／JR八高線「児玉駅」から車10分
参拝時間／自由
御朱印授与時間／神職在社時のみ

ここが聖地POINT

拝殿へ向かう参道は、山道と石段を上ること約10分。清らかなパワーを感じます

山の聖地

千葉

東京湾を望む鋸山が境内

日本寺

【にほんじ】

僧行基により725（神亀2）年に開山。当時、七堂を擁する大寺で良弁、空海、慈覚といった名僧が滞在したと伝わります。東京湾を一望し、岩に削られた百尺観音を参拝後、参道を下れば、千五百羅漢と呼ばれる1553体の石像が並んでいます。江戸時代後期に約21年かけて彫られ、ひとつとして同じ顔がありません。

御本尊

薬師瑠璃光如来（やくしるりこうにょらい）

岩に削られた百尺観音。航海、航空、陸上交通の安全を守ります

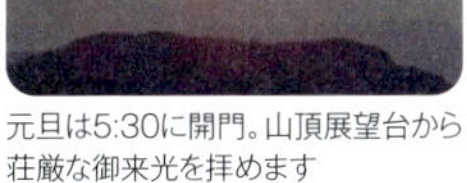

元旦は5:30に開門。山頂展望台から荘厳な御来光を拝めます

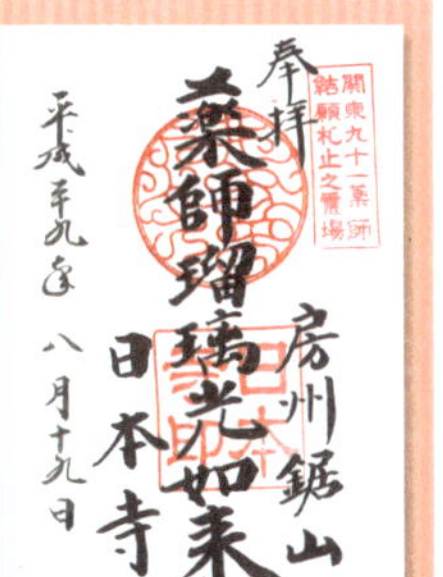

墨書／奉拝、房州鋸山、薬師瑠璃光如来、日本寺　印／関東九十一薬師結願札止之霊場、仏法僧、日本寺印　●御朱印所へは東口管理所から入るのが便利

DATA
日本寺
山号／乾坤山　宗旨／曹洞宗
住所／千葉県安房郡鋸南町元名184
電話／0470-55-1103
交通／JR内房線「保田駅」から徒歩45分で鋸山、または「浜金谷駅」から徒歩8分で鋸山ロープウェー
拝観時間／9:00～16:00（最終受付15:00、1/1は5:30～）　御朱印授与時間／9:00～15:30　拝観料／700円
URL http://www.nihonji.jp

ここが聖地POINT

1783（天明3）年に建立された薬師瑠璃光如来（通称大仏様）は高さ約31m。堂々たる姿に世界平和を祈願します

千葉

人見神社【ひとみじんじゃ】

眼病治癒をお願いするならこちらへ

東京湾や君津市街を望む人見山の頂上に鎮座。万物生成を司る妙見様が応援してくれます。

方位や方角を守護掌握する妙見様として信仰されてきました。物事をスタートさせ、繁栄へ導く力を授与してくださいます。「人見」が「瞳」に通じることから眼病治癒の御利益も。参拝後に眼病が軽くなった、治癒したというお礼の声がたくさん届いています。また、御神宝の太刀は、過去に何度か盗難に遭いましたが、必ず戻ってきたそうです。それほど強い力をもった御祭神といえます。

ここが聖地POINT

境内からの見晴しは「ちば眺望100景」選定

一の鳥居から本殿までは急な石段を上ります。20分ほどの距離です。頂上にある境内からは鋸山や南房総の山々、さらに好天時には東京湾、横浜方面、伊豆大島、富士山までもが見渡せます

主祭神／主な御利益

天之御中主神（あめのみなかぬしのかみ）　高御産巣日神（たかみむすひのかみ）

神産巣日神（かみむすひのかみ）

健康、開運・厄除け、殖産興業、海上安全など

御朱印帳はP.23で紹介!

墨書／奉拝、人見神社　印／二総六妙見、人見神社　●「二総六妙見」とあるのは上総と下総の二総に鎮座するあわせて６社の妙見社のひとつという意味です

受験、スポーツ、就活など困難に打ち勝つ力を授かるよう祈願された「妙見勝守」（700円）

「ひとみの御守」（各700円）は眼病平癒、瞳を美しく保つ祈願が込められたお守り

毎年7月には「神馬奉納神事」が行われます。神馬が御神輿に続いて、一の鳥居から拝殿までの急な石段を駆け上がる勇壮な祭事で、350年以上の伝統があります

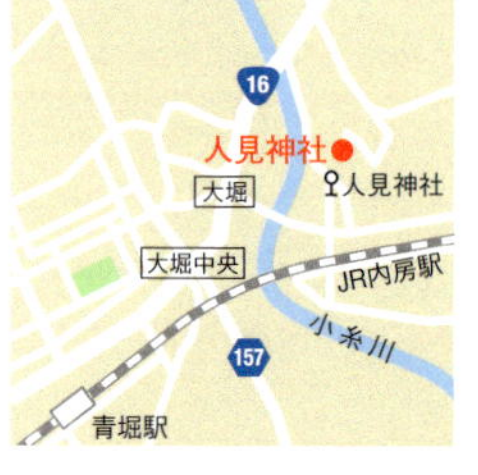

DATA

人見神社

創建／970（天禄元）年
本殿様式／権現造
住所／千葉県君津市人見892
電話／0439-52-5008
交通／君津市コミュニティバス「人見神社」から徒歩1分
参拝時間／自由
御朱印授与時間／9:00～16:00（月に4～5日ほど休務日あり）

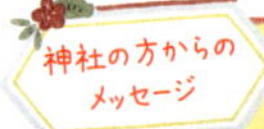

当社は平安期の創建とされる古社です。境内からの眺めは雄大で神の恵みを実感できる眺望です。山の上にあるため、部活動の中高生や景色を撮影するカメラマン、そしてサイクリストも多く参拝に見えます。

7月の例祭では「御衣替神事」という御神体の衣を着替えさせる神事があります。衣は神社の真菰田で栽培したマコモという植物で縫製したもの。夜、闇のなかで神職が音を立てずに行い、前年の古い衣は焚き上げ、その灰は妙薬として参拝者に分けられます。

東京

武蔵一之宮 小野神社

【むさしいちのみや おのじんじゃ】

悪縁を断ち切り、良縁を結ぶ！

主祭神の女神・瀬織津比咩命は罪穢れを祓います。拝殿手前の御神石には良縁を結ぶ御利益あり！

主祭神の女神はあらゆる厄災、穢れ、罪を流して、心身を清浄にしてくれるパワーのもち主。出会いや良縁成就をはばむ災いも祓っていただけます。嫌いな人との縁を切りたいとき、意中でない人から好意を寄せられ困っているときなど、解決の力を授けてくれるはず。駅から神社に向かう途中に大きなケヤキの御神木が茂っています。こちらもパワースポット！　忘れず幹に触れて。

主祭神／主な御利益

天ノ下春命（あめのしたはるのみこと）　瀬織津比咩命（せおりつひめのみこと）

縁結び、厄除け、厄祓い、病気平癒など

ここが聖地POINT

ハートの石が良縁を招く

拝殿前にある御神石にはハート形のくぼみがあり、縁結びの強力パワスポとして、注目が集まっています。ゆっくりなでて石のパワーをチャージしましょう

朱色が鮮やかな本殿。武蔵国を開拓した神を主祭神として祀っています

手にする人の心の安寧と幸運を祈念し、神主が心を込めて描いた御朱印帳（3000円）。表と裏で1枚の絵になっています

あらゆる災難や悪運を祓い流してくれる主祭神瀬織津比咩命の御札（1000円）は女神らしく華麗です。お守りは大700円、小600円

武蔵國一之宮
小野神社
令和六年九月九日

墨書／武蔵國一之宮、小野神社　印／多摩市一之宮鎮座、小野神社埜印、小野神社宮司之印　●一之宮とは中世に確立した神社の格付けでその国では第一の鎮守という意味です。このほか主祭神や毎年変わる干支画が描かれた見開き御朱印もあります

武蔵一之宮 小野神社
一ノ宮児童館
バオバブ保育園
京王線
三井住友銀行
京王
川崎街道
聖蹟桜ケ丘駅

DATA

武蔵一之宮 小野神社

創建／安寧天皇18年と伝わる
本殿様式／三間社流造
住所／東京都多摩市一ノ宮1-18-8
電話／042-338-1151
交通／京王線「聖蹟桜ヶ丘駅」から徒歩6分
参拝時間／自由
御朱印授与時間／毎月1日、月・木～日・祝の9:30～16:30（詳細は公式サイトを要確認）
URL https://onojinja.or.jp

神社の方からのメッセージ

御祈祷の希望など職員に御用の方は事前にお問い合わせください。当社では神職が直接お話を聞き、御祭神に1件ずつお伝えしてから、災厄抜除を行っています。2024年末から新しいお守りが頒布されます。

毎年9月第2日曜には例大祭が斎行されます。お祭りでは神輿に加え、約40年前に作られた大太鼓や山車が町中を巡行。時代とともに姿を変えながら、一之宮としての誇りをもつ多くの人々の手によって守り続けられています。

東京

亀戸香取神社

【かめいどかとりじんじゃ】

アスリートに打ち勝つ力をくれる!

武将や剣道の達人が武芸上達を願った神社。今では「スポーツ振興の神」として有名です。

平将門の乱(939年)を鎮めに行く藤原秀郷が戦勝を祈願し、勝利したことから、武人に勝ちを授けてくれる神、さらには試合に戦勝をもたらす神として信仰されるようになりました。今ではアスリートが試合前に全国から訪れます。自分自身の限界を越えようと努力する人には大きな力を授けてくれるはずです。門前はお総菜店などが立ち並ぶ下町の商店街になっています。

主祭神 / 主な御利益

経津主神(ふつぬしのかみ)

武芸上達、交通安全、家内安全など

ここが聖地POINT

巨大な石が勝運を授ける

境内には重さ約4.5t、勝負の神様の力が宿った「勝石」が安置されています。石に触れるとライバルに勝つ力や困難や病気に勝つ力、試験に勝つ力、内定を勝ち取る力を授かるといわれています

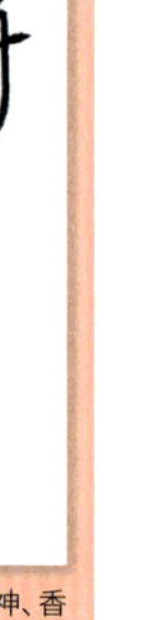

墨書／奉拝、香取神社　印／亀戸福神、香取神社、勝、香取神社社務所印　●末社に福神社があり、亀戸福神として七福神の恵比寿様、大黒様が祀られています。御朱印にも勝と押印され、御祭神のパワーを感じます

参道にあたる商店街の入口には「スポーツの神 亀戸香取神社参道」という道標があります

幕末に栽培が始まった亀戸大根。神社周辺が生産の中心地でした。境内には亀戸大根の碑が立ちます

「勝守」(800円)、「勝運袋」(700円)はスポーツの必勝や目標到達を祈願するお守りです

反乱を収めた武将にちなむ必勝祈願の絵馬(800円)

DATA

亀戸香取神社

創建／665(天智天皇4)年
本殿様式／流造
住所／東京都江東区亀戸3-57-22
電話／03-3684-2813
交通／JR総武線・東武亀戸線「亀戸駅」から徒歩10分
参拝時間／9:00～17:00
御朱印授与時間／9:00～12:00、13:30～17:00
URL https://www.kameido-katori.com

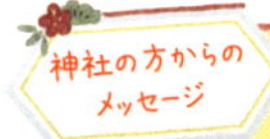

神社の方からのメッセージ

当社では「スポーツ灯篭プロジェクト」を進めています。勝利に挑むアスリートの言葉には強いパワーがあります。その言葉を競技のイラストとともに書き込んだ灯篭を建立し、アスリートの活躍を祈願しようというプロジェクトです。

毎年5月5日には「勝矢祭」が行われます。天慶の乱を制した藤原秀郷が戦勝を感謝し、弓矢を奉納した故事にちなむ祭事です。鎧兜の武者行列が新大橋通りの亀出神社から亀戸香取神社まで約2kmを練り歩きます。毎年10万人の人出があるにぎやかな祭事です。

東京

新宿天満宮 成子天神社【しんじゅくてんまんぐう なるこてんじんしゃ】

境内すべてからパワーを授かる

本殿、なで牛、富士塚、七福神、御神木……境内のパワスポをめぐれば御利益がいっぱいです。

参道では恵比寿様や大黒様がお出迎え、境内に入ると御神木の「夫婦公孫樹(めおといちょう)」、お稲荷様、本殿の向こうには富士塚まであります。本殿にお参りしたら、あとは好きな神様にごあいさつしたり、気になるスポットへ行ったりと自由に散策しましょう。学業成就はもちろん、キャリアアップして高収入ゲットの祈願や、就職したい企業との縁結びの力も頂けるかもしれません。

主祭神／主な御利益
菅原道真公(すがわらのみちざねこう)
仕事・学業、厄除け、金運、縁結びなど

ここが聖地POINT
富士山の溶岩が心を鎮めてくれる

富士山の溶岩が使われた富士塚は、新宿区に現存する6つの富士塚のなかで一番の大きさを誇ります。麓の浅間神社で参拝後、富士塚の階段を登ると、山頂には祠があります

山の聖地

表参道や境内、北参道には七福神が並び、境内で七福神めぐりができます。商売繁盛、招福、長寿、縁結びの御利益が頂けます

御朱印帳（1500円、御朱印含む）は御祭神である菅原道真公のシルエットをデザイン。裏には神紋の梅が配されています

「合格御守」、「学業成就御守」（各600円）はいずれも梅の花がお守り袋にあしらわれた品のよいお守り

墨書／天満宮　印／奉拝、新宿天満宮、成子天神社、梅の神紋、成子天神社　●力強く味わいのある墨書が印象深い御朱印です。御朱印の内容は変更になる可能性があります。1月には松の内のみ授与される七福神の限定御朱印があります。枚数限定

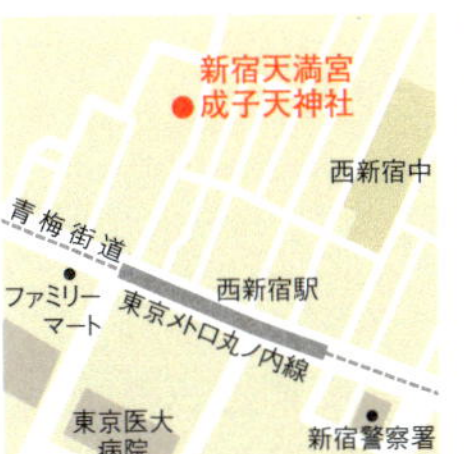

DATA
成子天神社
創建／903（延喜3）年
本殿様式／入母屋造
住所／東京都新宿区西新宿8-14-10
電話／03-3368-6933
交通／東京メトロ丸ノ内線「西新宿駅」から徒歩2分、都営大江戸線「都庁前駅」から徒歩8分、JR「新宿駅」から徒歩11分、西武鉄道「西武新宿駅」から徒歩12分
参拝時間／自由
御朱印授与時間／9:00～16:00
URL http://www.naruko-t.org/

神社の方からのメッセージ
当社の境内は「めぐる」「学ぶ」「感じる」御神域です。本殿に最初に参拝したら、めぐる順番に決まりはありません。それぞれの神様の由緒を学び、思いをはせれば、尊い知恵を授けていただけるかもしれません。見えない力を感じてください。

本殿前にある新宿区指定有形民俗文化財の力石は力比べをするために使われていました。石には、持ち上げた人の名前が彫られています。境内では今後さまざまなイベントが開催される予定です。9月の大祭では式典と里神楽の奉納などがあります。

東京

プチ登山で女神のチカラを頂きに

鳩森八幡神社

【はとのもりはちまんじんじゃ】

厄除けや縁結びなど、富士山登拝と同じ御利益が授かれると江戸時代に造営されたのがミニサイズの富士塚。境内には都内で現存するなかで最古の富士塚があり、登ることができます。木花咲耶姫命(このはなさくやひめのみこと)を祀る山頂の祠は、パワースポットだといわれています。登拝記念の御朱印は、手書きと書き置きがあります。

御朱印帳はP.22で紹介!

墨書/奉拝、鳩森八幡神社 印/鳩、鳩之森八幡神社之印 ●瑞雲が現れ、白鳩が飛び立ったので祠を建てたのが神社の始まりとされます

墨書/千駄ヶ谷、冨士登拝 印/冨士浅間神社之印 ●御朱印は書き置きの用意もあります

「王手勝守」(1000円)は木箱入り。袋や箱の表には将棋盤が配されています

主祭神/主な御利益

応神天皇(おうじんてんのう) 神功皇后(じんぐうこうごう)

諸願成就、縁結び、将棋上達など

ここが聖地POINT

富士塚は高さ約6m。約5分で登れます。登山路は自然石で造った階段状で頂上付近に富士山の溶岩があります

DATA

鳩森八幡神社

創建/860(貞観2)年
本殿様式/権現造
住所/東京都渋谷区千駄ケ谷1-1-24
電話/03-3401-1284
交通/JR中央・総武線「千駄ヶ谷駅」または東京メトロ副都心線「北参道駅」から徒歩5分
参拝時間/自由 御朱印授与時間/9:00～17:00
URL http://www.hatonomori-shrine.or.jp

神奈川

知恵の神様の力で難局を突破!

思金神社

【おもいかねじんじゃ】

鳥居をくぐり、「願いがかなう」と伝わる長く急な石段を上ると静かな空気が流れる境内です。主祭神は、知恵を司る神様。豊富なアイデアで窮地を救ったという言い伝えもあることから、学業や仕事で力を発揮したいときには参拝を。迫力満点の御朱印は15種類あり、御利益に合わせて添えられる印もユニークです。

ほかの御朱印はP.16で紹介!

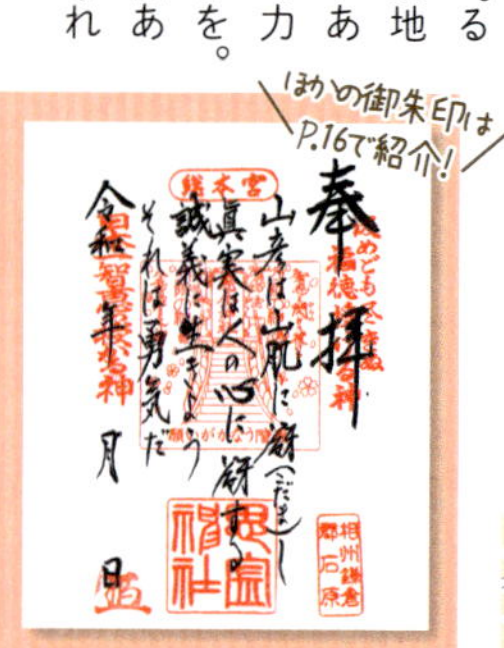

墨書/奉拝、山彦は山肌に谺(こだま)し真実は人の心に谺する誠義に生きよう それは勇気だ 印/汲めども尽きぬ福徳授ける神、相州鎌倉郡石原、願いかなう階段、思金神社、日本一智恵の授かる神、社紋

足の痛みや腰の痛みが消えるよう祈願されている「健脚健康草履守」(700円)

緑・赤・黄・白・紫と金色のひょうたんが付いた「五色無病息災の御守」(700円)

主祭神/主な御利益

八意思金大神(やごころおもいかねおおかみ) 下照姫神(したてるひめのかみ)

学問知恵、縁結び、方位方除など

ここが聖地POINT

神社とご縁が深い高知県の四万十川より特別に運んできた霊動石。手を当てることで体の悪い部分が癒やされるとか

DATA

思金神社

創建/1912(大正元)年
本殿様式/流造
住所/神奈川県横浜市栄区上郷町745-1
電話/045-895-2411、080-8097-5272
交通/神奈川中央交通バス「紅葉橋」から徒歩3分 参拝時間/8:00～17:00
御朱印授与時間/10:00～16:00

「開かれた禅苑」を掲げる

神奈川

總持寺【そうじじ】

ふたつある曹洞宗大本山のひとつが總持寺です。1321（元亨元）年、能登国（現在の石川県）にあった諸嶽観音堂を總持寺と改めたことに始まります。伽藍の中心は仏殿です。本尊は中央に釈迦牟尼如来、脇侍として向かって右に迦葉尊者、左に阿難尊者を奉安しています。修行僧の案内で諸堂内をめぐることができます。

御本尊
釈迦牟尼如来（しゃかむににょらい）

墨書／奉拝、太祖常濟大師、曹洞宗大本山總持寺　印／曹洞出世道場、佛法僧寳、寺紋の五七桐紋、大本山總持寺納経印　●感染症流行など不測の事態により授与を停止することがあります

仏殿は「大雄宝殿」とも呼ばれ、本尊の釈迦牟尼如来を祀ります

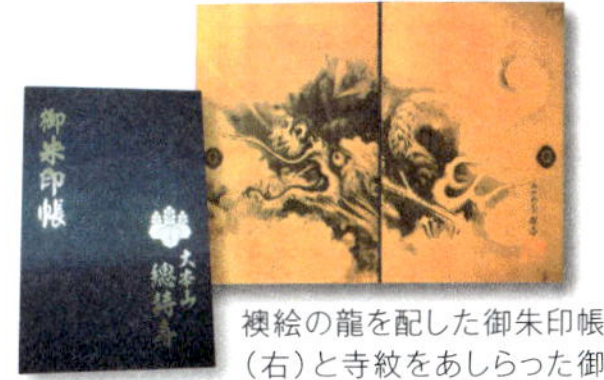

襖絵の龍を配した御朱印帳（右）と寺紋をあしらった御朱印帳（左）。（各1200円）

DATA
總持寺
山号／諸嶽山
宗旨／曹洞宗
住所／神奈川県横浜市鶴見区鶴見2-1-1
電話／045-581-6021
交通／JR「鶴見駅」から徒歩7分
拝観時間／自由
御朱印授与時間／10:00～16:30
拝観料／無料
URL http://sojiji.jp

ここが聖地POINT
鉄筋コンクリート造りでは日本一の大きさを誇る三門。左右に元横綱・北の湖関15歳の姿をモデルにしたと伝えられている阿吽の仁王像が立っています。力強い姿に願いを成就させる力を頂けそうです

病魔をすっきり祓う

神奈川

鶴嶺八幡宮【つるみねはちまんぐう】

長い松並木を抜けると八幡宮の本殿が見えてきます。境内西側の末社・湘南淡嶋神社の祭神（少彦名命）は女人守護や医薬の神として古くから崇められています。社殿右手にある「癌封じ石」と体の悪いところとを「祓え給へ、清め給へ」と3回唱えながら交互にさすると病が癒えるといわれています。

限定御朱印と御朱印帳はP.12・22で紹介！

墨書／奉拝、鶴嶺八幡宮　印／相州茅ヶ崎鎮座、鶴嶺八幡宮　●社名印の「八」の文字は鳩が向かい合う様子。右下には茅ヶ崎市特別観光大使「えぼし麻呂とミーナ」を月替わりで押印

印／鶴嶺八幡宮末社、相州湘南淡嶋神社、雛人形、がん封じ、湘南淡嶋神社　●総本社である和歌山の淡嶋神社の雛流しにならい、人形供養を行っています

「癌封じ御守（木箱入り）」（1500円）は箱から出して常に身に付けましょう

主祭神／主な御利益
応神天皇（おうじんてんのう）　仁徳天皇（にんとくてんのう）
佐塚大神（さづかのおおかみ）
病気平癒、開運、厄除けなど

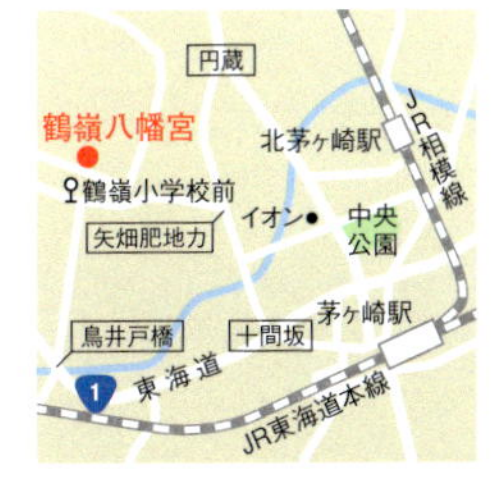

DATA
鶴嶺八幡宮
創建／1030（長元3）年
本殿様式／流造、入母屋造り
住所／神奈川県茅ヶ崎市浜之郷462
電話／0467-82-6725（8:00～15:00）
交通／神奈川中央交通バス「鶴嶺小学校前」から徒歩3分
参拝時間／自由
御朱印授与時間／8:00～15:00
URL https://www.tsuruminehachimangu.com

ここが聖地POINT

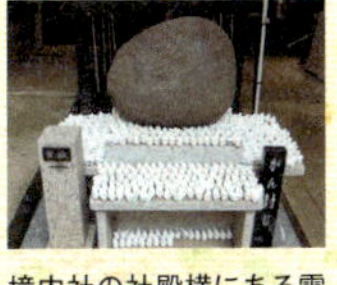

境内社の社殿横にある霊石「癌封じ石」。「癌封じ御守」を置いて祈願すると効果大。常に身に付けていたら痛みが和らいだなどの報告が寄せられています

今、行くべき聖地SPOT

自然のパワーが満ちる Power #1

山の聖地 栃木

登り、拝み、山の力を感じる

茶臼岳（ちゃうすだけ）

登山シーズン幕開けには登山者の安全祈願が行われます
写真提供:那須町観光協会

標高1915m、栃木県最北端に位置する那須連山の主峰です。山頂からは迫力ある雄大な景色が楽しめ、気象条件が揃えば眼下に雲海も一望できます。ロープウエイを利用すれば9合目までアプローチ可能。山頂まで片道1時間ほどでアクセスできます。

登山道が整備され初心者でも安心

DATA
住所／栃木県那須町湯本
電話／0287-76-2619（那須町観光協会）
交通／関東バス「那須ロープウェイ」下車すぐ、那須ロープウェイ山麓駅着
営業時間／散策自由（那須ロープウェイは季節により変動あり。要確認）
休み／12月～3月中旬、荒天時
料金／那須ロープウェイ往復1800円

水の聖地 千葉

光と水面が織りなすハートマーク

清水渓流広場（しみずけいりゅうひろば）（濃溝の滝・亀岩の洞窟）（のうみぞのたき・かめいわのどうくつ）

ハート形が見えやすい洞窟の正面付近は落石・崖崩れの恐れがあるため、立ち入る際は十分にご注意ください
写真提供:千葉県君津市

縁結びや恋愛成就のパワーがあると話題のハート形スポット。3月と9月の彼岸前後の早朝がベストタイミングです。滝の水かさが減ると川床にハート形の穴が登場するとか。見つけたらラブ運もゲットできそうです。

DATA
住所／千葉県君津市笹1954
電話／0439-56-1325（君津市経済振興課）　交通／JR久留里線「上総亀山駅」から車15分
開場時間／見学自由

森の聖地 群馬

一面に広がる緑の絨毯

チャツボミゴケ公園（こうえん）

随所から酸性泉が湧出する穴地獄に、チャツボミゴケが自生しています。2000㎡にわたりみずみずしい緑が群生する希少な生態系は、国の天然記念物に指定されています。また、「芳ヶ平湿地群」の一部としてラムサール条約にも登録されています。

強酸性の水を好み色鮮やかに群生するパワーみなぎるチャツボミゴケ

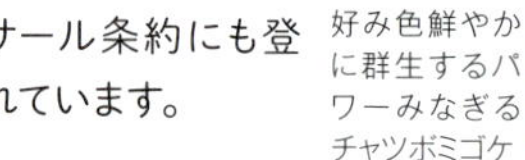

ツツジの咲く6月や紅葉シーズンもおすすめです

DATA
住所／群馬県吾妻郡中之条町大字入山13-3
電話／0279-95-5111
交通／吾妻線「長野原草津口駅」から車40分
受付時間／8:45～15:30（10･11月～15:00）
休み／期間中無休（11月末～4月下旬は冬期休園）　料金／600円

Part 2

第三章 水の聖地

関東は生命の源である
水の宝庫であり、
寺社と水にまつわる
多くの神話が残っています。
大地を潤し、心を癒やし、
厄を祓い清める水の力を
頂きに出かけましょう。

海の見える鳥居もアジサイの名刹も網羅

車でめぐる海沿いの絶景&開運スポット

茨城の寺社めぐりのキーワードは「フォトジェニック」。抜群の透明度を誇る泉が美しい神社や、岩礁に立つ鳥居をお参りしながら海沿いの道をドライブ！ アジサイの名所では、美しすぎる絶景が運気をアップしてくれます。

エメラルドグリーンの泉は神社の象徴
1分間に約1500Lもの水が湧出し、水深は1m以上のところも。泉のほとりには弁財天を祀る厳島神社があります

主祭神
天速玉姫命（あめのはやたまひめのみこと）

女神が降臨した泉で幸せを引き寄せる！

泉神社（いずみじんじゃ）

「大昔、天から霊玉が降り、霊水が湧き、泉になった」という伝説が神社に伝わり、この霊玉を女神として祀ったという説もあります。女神が降臨した泉は、鎮守の森に覆われている境内に湧いていて、水底まではっきり見えるほどの透明度。奈良時代の書物には「泉周辺に男女が集まり、飲食をするなど憩いの場となり宴を楽しんだ」と書かれています。泉が男女の仲を取りもっていたことから、今でも縁結びのパワースポットとされています。

DATA
泉神社
創建／紀元前42（崇神天皇56）年
本殿様式／権現造
住所／茨城県日立市水木町2-22-1
電話／0294-52-4225
交通／JR常磐線「大甕駅」から徒歩15分
参拝時間／自由
御朱印授与時間／10:00～16:00
URL https://izumi-jinjya.com

水みくじで運勢を占う
泉周辺に水みくじ専用のスペースがあり、水に浸すと文字が浮かび上がります。女神が宿る神聖な水に触れて縁結び祈願を！

泉をイメージした表紙が美しい御朱印帳。表は社名や社紋、泉にすむとされる白龍のデザイン、裏は水の流れを幾何学模様で表現

創建は紀元前、日立地方最古級の神社とされます。神社にある泉は奈良時代初期に編纂された『常陸國風土記』に「密筑（みつき）の大井」として登場します

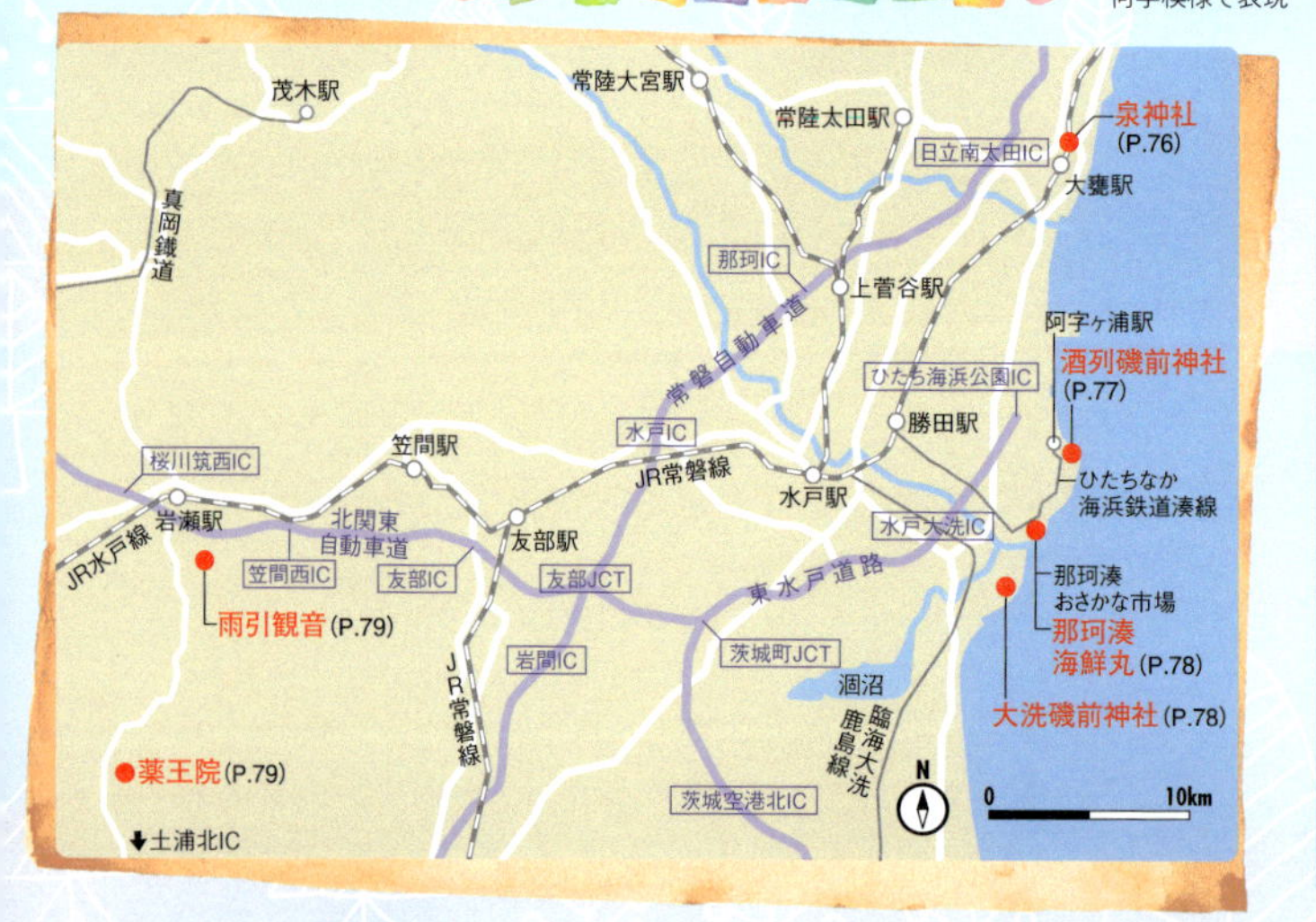

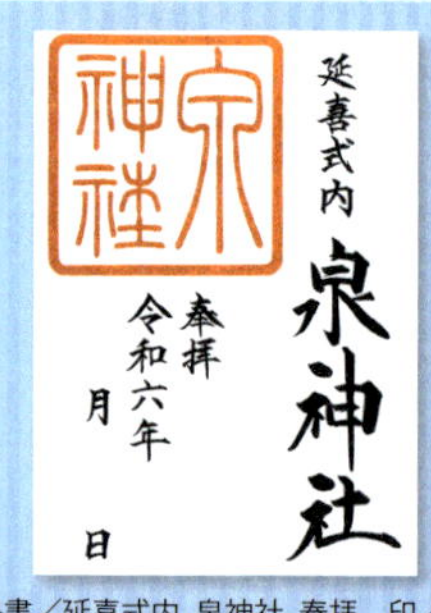

墨書／延喜式内、泉神社、奉拝　印／泉神社　●「延喜式内」は平安時代中期に成立した『延喜式神名帳』に記載されていることを指します

海の見える鳥居

参道を覆う樹叢（じゅそう）を抜けたら、左側に目を向けてみて。鳥居越しに美しく弧を描く海岸線を望めます

水の聖地

主祭神
少彦名命（すくなひこなのみこと）

強力な御利益で健康長寿も金運アップもかなえる

酒列磯前神社（さかつらいそさきじんじゃ）

社殿まで一直線に延びる参道は300m。その両側に樹齢300年を超えるとされるヤブツバキや、迫力のある枝ぶりのタブノキの古木がトンネル状に茂り、参拝者を境内の奥へいざないます。本殿に祀られているのは、医学を日本に広めた神様。病気を治療し、健康と長寿をもたらす御神徳を求めて、病気快癒祈願だけではなく、医学技術の向上や発達を願う医師や医療関係者が全国から参詣に訪れるのだとか。神職と巫女が祈願祭を執行している宝くじ売り場から、ここ数年で総額約60億円の宝くじ当選があったことなどもあり、金運向上を願う参拝者も増えています。

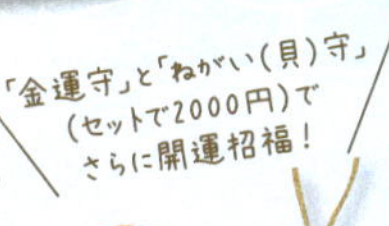

2020年10月の登場以来、大人気の「仕事守」（1000円）

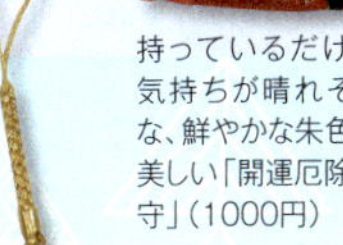

持っているだけで気持ちが晴れそうな、鮮やかな朱色が美しい「開運厄除御守」（1000円）

「金運守」と「ねがい（貝）守」（セットで2000円）でさらに開運招福！

拝殿正面には日光東照宮の「眠り猫」を制作した左甚五郎の作と伝わる「リスとブドウの彫刻」が施されています

参道

映画に登場しそうな幻想的な雰囲気。冬はツバキの花が参道を彩ります

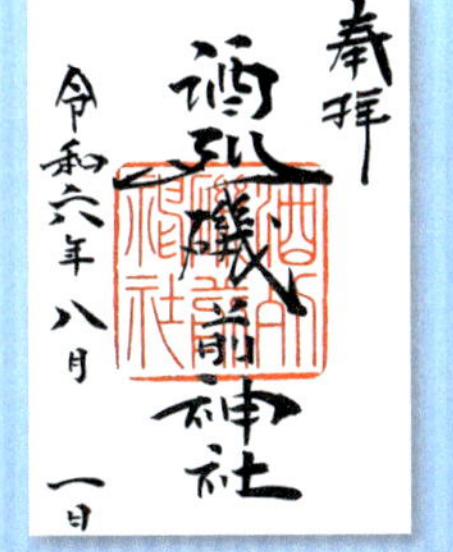

墨書／奉拝、酒列磯前神社　印／酒列磯前神社　●書き置きのみ。初詣や季節限定の御朱印を頂けることもあります。最新情報は神社のInstagramをチェック！

DATA
酒列磯前神社
創建／856（斉衡3）年
本殿様式／流造
住所／茨城県ひたちなか市磯崎町4607-2
電話／029-265-8220
交通／ひたちなか海浜鉄道湊線「磯崎駅」から徒歩10分
参拝時間／自由
御朱印授与時間／8:00～16:00
URL https://sakatura.org

金運を授ける「幸運の亀」

社殿に向かって参道左手に、宝くじの高額当選者が奉納した亀の石像があります。神社にお参りして石像を触ると御利益があると評判に。特に大安の日は大変なにぎわいになります。優しい顔の亀が幸運を運んでくれるかも!?

日帰りプラン

8:45 常磐自動車道「日立南太田IC」 → 車15分 → 9:00 泉神社（滞在約45分） → 車30分 → 10:15 酒列磯前神社（滞在約1時間） → 車15分 → 11:30 那珂湊おさかな市場（滞在約50分） → 車10分 → 12:30 大洗磯前神社（滞在約40分） → 車1時間（北関東自動車道経由） → 14:10 雨引観音（滞在約40分） → 車30分 → 15:20 薬王院（滞在約40分） → 車40分 → 16:40 常磐自動車道「土浦北IC」

主祭神
おおなむちのみこと
大己貴命
すくなひこなのみこと
少彦名命

不治の病も治すという
神様の最強パワーを頂く

大洗磯前神社

おお あらい いそ さき じん じゃ

神社の前に広がる磯辺は、地震や噴火、天然痘などに苦しむ人々を救うため御祭神が降臨したと伝わる聖地。波しぶきが飛び散る海上の岩の上には「神磯の鳥居」が立っています。毎年元日に神職がこの磯に降り立ち、水平線から上る初日の出を拝むのが習わし。御祭神は心身の病を癒やし広めたと伝わり、御利益を求めて絶えず参拝者が訪れます。また、子供の夜泣きを治し、成長を見守る神様としても知られ、子供連れの参拝者も数多くいます。

ランチは「那珂湊おさかな市場」で取れたて海鮮を味わう

お昼は那珂湊港に隣接する関東有数の観光市場へ。市場内の食事処で新鮮な魚介類がリーズナブルに味わえるとあって、特にGWや週末は大混雑します。「那珂湊 海鮮丸」では、ご飯に取れたての地魚や旬の海鮮を豪快に盛りつけた海鮮丼を堪能できます。

DATA

那珂湊 海鮮丸（なかみなと かいせんまる）

住所／茨城県ひたちなか市湊本町19-8
電話／029-229-0859
交通／ひたちなか海浜鉄道湊線「那珂湊駅」から徒歩10分
営業時間／10:00〜16:00LO
休み／木・金曜（祝日は営業）
URL http://www.mare-thalassa.jp

地魚満載！名物！！炙り丼（税抜2000円）

拝殿

色鮮やかな彫刻が施された、県指定の文化財です

随神門

正面と背面中央の蟇股に「白兎」の彫刻が施されています

参道

やや急な階段は約90段。上りきると海を望めます

二之鳥居

境内入口に立つ鳥居。一之鳥居は交差点にあります

本殿

拝殿横から瑞垣を回ると茅葺きの建物が見えます

「福の神さま」をなでて

門前には大国様、恵比寿様の木像が鎮座。たくさんなでて福を頂きましょう

表　裏

「お守り」（1000円）の裏面は大国様です

表　裏

「心願成就守」（1000円）。裏に満月と神磯の鳥居が描かれています

「神磯の鳥居」は必見！

神様が降臨したという磯辺に鳥居が立ちます。水戸藩2代藩主の徳川光圀公もそのすばらしさに感動したと伝わる神磯の景色は、ぜひ見ておきたいところ。写真は階段手前の展望台から撮るのがおすすめです。

表　裏

カードタイプの「神磯開運招福御守」（1000円）はそのまま財布やかばんに入れて持ち歩けます

御朱印帳はP.21で紹介！

奉拝　大洗磯前神社　令和六年　月　日

墨書／奉拝、大洗磯前神社
印／大洗磯前神社、ウサギ
●シンプルな御朱印です。勢いのある筆使いは、神磯に砕ける波を連想させます

DATA

大洗磯前神社

創建／856（斉衡3）年
本殿様式／一間社流造
住所／茨城県東茨城郡大洗町磯浜町6890
電話／029-267-2637
交通／大洗町コミュニティバス「大洗磯前神社下」からすぐ
御朱印授与時間／9:00〜16:00
URL oarai-isosakijinja.net

御本尊
延命観世音菩薩（えんめいかんぜおんぼさつ）

桜とアジサイの名所は
安産＆開運の御利益あり！

雨引観音（楽法寺）（あまびきかんのん（らくほうじ））

仁王門にいたる石段は「厄除けの石段」とされ、上りきると厄が落ちるとされます。大石垣の先にある観音堂に祀られているのが延命観音。大干ばつに襲われ、降雨を願って納経すると、国中に雨が降ったため山号を「天彦山」から「雨引山」に変えたと伝わります。また、光明皇后の安産祈願が成就したことから安産の御利益でも有名です。

墨書／常陸國、延命観世音、雨引山　印／坂東二十四番、火炎のなかに三宝珠の印、常州楽法寺雨引　●坂東三十三観音の第二十四番札所です

お寺にクジャク!?

境内にはクジャクが放し飼いにされています。運がよければ美しい羽を広げる様子が見られるかも？

DATA
雨引観音（楽法寺）
山号／雨引山　宗旨／真言宗
住所／茨城県桜川市本木1
電話／0296-58-5009
交通／JR「岩瀬駅」からタクシー10分、または桜川市バス「雨引観音」からすぐ（土曜、休日のみ運行）
拝観時間／8:30～20:00
御朱印授与時間／8:30～17:00、アジサイまつり期間8:00～20:00　拝観料／無休
URL http://www.amabiki.or.jp

境内にアジサイが咲き誇る

100種5000株のアジサイを栽培。6月上旬から7月中旬は、色とりどりの花々が参拝者の目を楽しませています。寺が命名した「雨引の聖」という新品種も！

御本尊
薬師如来（やくしにょらい）

スダジイが群生する
病気平癒の祈願所

薬王院（やくおういん）

筑波山の支峰のひとつ、椎尾山の中腹に建つ寺院。創建は約1200年前と伝わる古刹で、古来、病気平癒の霊場として知られてきました。堂内には薬師如来、十二神将像が安置され、内陣小壁に施された彫刻、彩色画が見事です。境内に建つ三重塔は装飾建築が華麗で、茨城県指定文化財です。12月には鮮やかな紅葉に堂宇が彩られます。

境内の池に弁財天を祀る

巨大な一枚岩の前に広がる庭園には池があり、弁財天が祀られています。財運・金運アップの御利益があるという神様にごあいさつしましょう

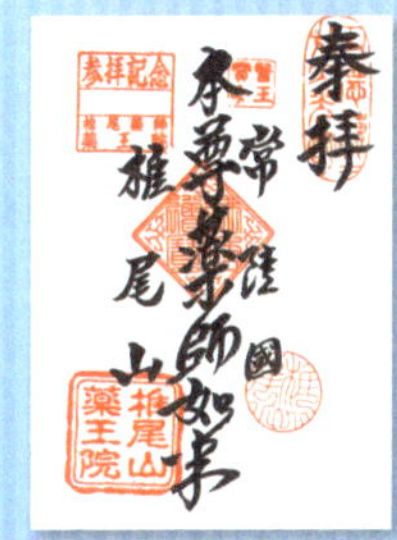

墨書／奉拝、常陸國・本尊薬師如来・椎尾山　印／■■、醫王■■、仏法僧寶の三宝印、参拝記念・椎尾薬師薬王院、椎尾山、椎尾山薬王院
（■■＝文字不明）

DATA
薬王院
山号／椎尾山
宗旨／天台宗
住所／茨城県桜川市真壁町椎尾3178
電話／0296-55-4319
交通／関東鉄道バスなど「筑波山口」からタクシー15分、または桜川市バス「旧酒寄駅跡」から徒歩30分
拝観時間／自由
御朱印授与時間／9:00～16:00
拝観料／無料

境内や周辺には287本のスダジイ（椎の木）が群生。多くが推定樹齢300～500年の大木で、緑濃い樹叢を作りあげています（茨城県指定天然記念物）

水の聖地

水の聖地
絶対行きたいオススメ寺社1

御利益は仕事で天下を取る力！

御祭神は戦国の世を制して幕府を築いた英雄です。あらゆる局面でライバルに勝つパワーを頂けます。

東京

上野東照宮【うえのとうしょうぐう】

上野駅から徒歩5分、上野公園内に鎮座します。関東大震災でも傾かなかった大石鳥居や200基以上もの石灯籠が並ぶ参道、金色に輝く唐門など、見どころは多数。特に注目したいのは、3代将軍・家光公が造営替えした社殿です。日光までお参りに行けない江戸の人々のため、日光東照宮に準じた豪華な社殿を建てたといわれています。江戸時代初期に建立された社殿が災害や戦争を乗り越えて現存することは奇跡に近く、御祭神の強力なパワーを感じられます。天下人となった御祭神にあやかって、勝運や出世運アップを願いましょう。

主祭神／主な御利益

徳川家康公（とくがわいえやすこう）
徳川吉宗（とくがわよしむね）　徳川慶喜（とくがわよしのぶ）

出世運、勝運、健康長寿、開運、招福など

ここが聖地POINT
唐門の龍は夜になると不忍池に水を飲みに行く？

唐門は1651（慶安4）年造営の国指定重要文化財。日光東照宮の「眠り猫」を作ったことで有名な名工・左甚五郎による昇り龍・降り龍の彫刻で飾られています。この龍には毎夜、不忍池に水を飲みに行くという伝説があります

「上野東照宮ぼたん苑」は春と冬に公開

1980（昭和55）年に開苑。中国、アメリカ、フランスなど、110種600株以上のボタンを栽培しています。真冬の寒牡丹、4月中旬の春牡丹の季節に公開されます。

神社の方からのメッセージ

境内社の栄誉権現社は別名・御狸様ともいわれる社です。江戸時代の伝説で四国八百八狸を支配する刑部狸をお祀りしています。「たぬき」が「他を抜く」との語呂合わせから、強運開祖の神、必勝の神として受験生の参拝も多いです。

社殿や唐門のほかにも国指定重要文化財が多数。1651（慶安4）年に造営された透塀もそのひとつです。社殿の四方を囲んでいて、上段には野山の動物と植物、下段には海川の動物の彫刻が200枚以上も施されています。色鮮やかに表現された彫刻に注目を。

水の聖地

お得に楽しむ買い物天国
アメ横商店街（よこしょうてんがい）

JR上野駅と御徒町駅間の約500mの通りを中心に約400軒の店が立ち並びます。海産物などの食料品のほか、化粧品や雑貨などを取り扱うお店も。活気あふれる商店街は歩いているだけでも楽しめます。

DATA
住所／東京都台東区上野6-10-7
交通／JR「上野駅」中央改札から徒歩1分
散策時間／自由
URL http://www.ameyoko.net

老舗洋食店で伝統の味を
上野精養軒本店（うえのせいようけんほんてん）レストラン（洋食）

「昔ながらのビーフシチュー」（2800円）など、伝統の味をカジュアルに味わえます。「鴨場プディング」（2個入り税込1000円）はおみやげにおすすめ。

DATA
住所／東京都台東区上野公園4-58
電話／03-3821-2181
交通／JR「上野駅」公園口から徒歩5分
営業時間／11:00～17:00（16:00LO）
休み／月曜
URL https://www.seiyoken.co.jp/restaurant/landaulet/

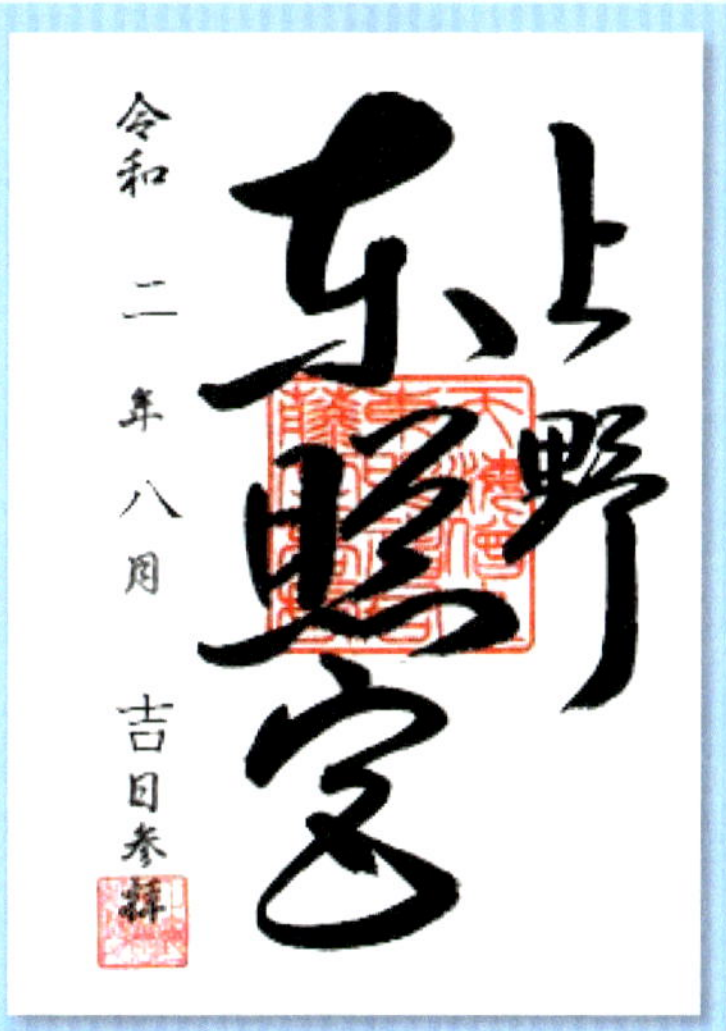

墨書／上野、東照宮、参拝　印／天海僧正東照神君藤堂高虎、上野東照宮社務所　●中央に押される印の「天海僧正東照神君藤堂高虎」は、創建当時の御祭神です。現在の御祭神は変わっていますが、変更以前と同じ印を複製し現在も使っています

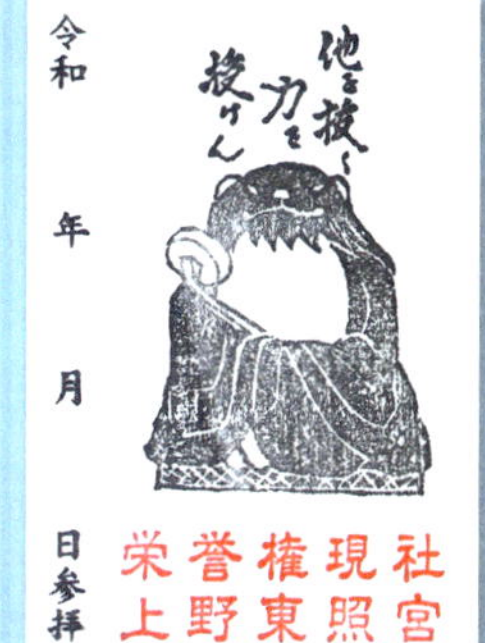

印／他を抜く力を授けん、御狸様、栄誉権現社、上野東照宮、参拝　●境内社に祀る栄誉権現（御狸様）の他抜（たぬき）御朱印。毎日2種類を授与。書き置きのみ

拝観入口を入ると樹齢600年以上、幹の太さ8m以上というオオクスの巨木がそびえています。上野の祖木といわれ、上野公園随一の大きさを誇ります

「他抜守」（800円）は栄誉権現社のお守り。出世、受験、就業などあらゆる場面で困難に打ち勝てるよう祈願されています

御朱印帳と同じ織模様の「御朱印帳袋（紺）」（2000円）。御朱印帳が2冊入るサイズです

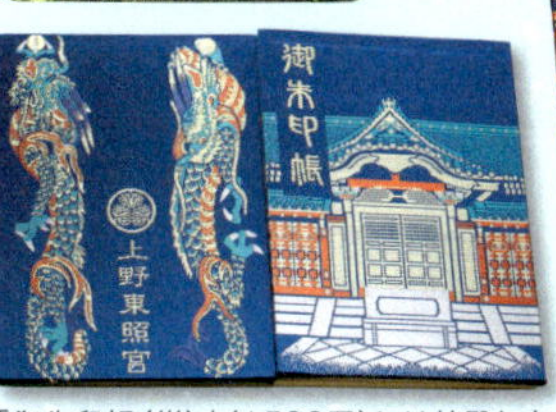

「御朱印帳（紺）」（1500円）には社殿と唐門、昇り龍・降り龍の刺繍が施されています。淡色の社紋を散らした御朱印帳もあります

「仕事守」（800円）。仕事の成功、就職成就祈願のお守りです

DATA
上野東照宮
創建／1627（寛永4）年
本殿様式／権現造
住所／東京都台東区上野公園9-88
交通／JR「上野駅」公園口または京成電鉄「京成上野駅」池の端口から徒歩5分
参拝時間／9:00～17:30（10～2月～16:30）
御朱印授与時間／9:30～17:00（10～2月～16:00）
URL https://www.uenotoshogu.com

水の聖地
絶対行きたいオススメ寺社2

千葉

玉前神社【たまさきじんじゃ】

恋愛の最強サポーターがご縁を結ぶ

富士山、出雲大社を結ぶレイラインの東の起点。恋愛祈願に御利益ありとあつく信仰されています。

春分と秋分の日には日の出の位置と玉前神社を結んだ線の延長線上に縁結びの聖地とされる出雲大社があり、レイライン(御来光の道)の起点とされます。それだけに縁結びのパワーは絶大です。また、御祭神は何かを始める際、順調に進むよう守護する力があり、新しい恋も成就へ導いてくださるはず。境内には女神の守護が受けられる「御神水の井戸」があります。

はだしで大地のパワーを頂く

「はだしの道」は、靴と靴下を脱いではだしになって歩くと、土地がもつ力を足元から吸収し、願いがかなうと伝わる人気のスポット。小さな鳥居から入り、植え込みの周囲に造られた玉砂利の小道を時計回りに3周します。はだしになる必要があるので、脱ぎやすい靴と靴下を履いていきましょう。

墨書/奉拝、玉前神社　印/上総國一宮、玉前神社、菊の御紋と神紋　●季節の花など季節ごとのモチーフ印が押される月替わりの御朱印もあります

女性の生活のリズムを整え、心と体の健康を守ってくれる「月日守」(1100円)

一宮町の海岸は東京五輪のサーフィン会場。そこでサーファーの安全を守り、開運の波にも乗れる「波乗守」(1100円)を頒布しています

境内には子宝・子授けのイチョウがあります。雄株、雌株そして2本のイチョウから育った子供イチョウの3本で雄株、雌株、子供イチョウの順に触れると子授けの御利益があると伝わります

主祭神/主な御利益
たまよりひめのみこと
玉依姫命
縁結び、子授け、出産

ここが聖地POINT

世界のサーファーから評価が高い釣ヶ崎海岸には玉前神社の鳥居が建ち、サーフィン愛好者の間で聖地とあがめられています

一宮川
玉前神社
玉前神社前
JR外房線
一宮商高
128
228
上総一ノ宮駅
一宮小
228

DATA
玉前神社
創建/不詳
本殿様式/権現造
住所/千葉県長生郡一宮町一宮3048
電話/0475-42-2711
交通/JR外房線「上総一ノ宮駅」から徒歩8分
参拝時間/自由
御朱印授与時間/8:00~17:00
URL https://tamasaki.org/

神社の方からのメッセージ

境内には千葉の県木・イヌマキが群生。一番の長老は本殿東側にそびえる高さ20m、幹周り約3mの巨木で、樹齢300年と推定されています。ほかにもイスノキやザクロ、桜などが茂り、四季の変化を告げてくれます。

1200年以上の歴史と伝統を誇る「上総十二社祭り」は、房総半島に多く見られる浜降り神事の代表として広く知られる壮大な儀礼です。毎年9月に斎行される圧巻の神事をひと目見ようと、関東一円から大勢の人々が集います。千葉県の無形民俗文化財に指定。

水の聖地
絶対行きたいオススメ寺社3

神奈川

箱根神社【はこねじんじゃ】

難関突破の祈願はこちらへ

仕事運はもちろん縁結びの御神徳も期待できます。境内の「恵比寿社」から金運アップのパワーも。

奈良時代、箱根大神の御神託により万巻上人(まんがんしょうにん)が創建した古社。老杉が並木となって続く参道や緑豊かな境内は清涼な空気に満ちていて、歩くだけでパワーを頂けそう。かつては、源頼朝、徳川家康公など、将軍にまでのぼりつめた武将たちから、開運・心願成就の神様としてあつく崇敬されました。現在でも企業興隆を願う財界人の参拝も数多い、関東総鎮守と称される神社です。

天のパワーが降り注ぐ箱根元宮
標高1357mの駒ヶ岳頂上に建つ箱根神社の奥宮。鳥居脇にある岩は神が降臨したと伝わる馬降石(ばこうせき)です。眺望がよく、社殿近くから富士山が見えます。箱根園から駒ヶ岳ロープウエイ7分、山頂から徒歩10分。

水の聖地

ここが聖地POINT
箱根権現の鎮まる箱根山を源とし、九頭龍大神が守護する芦ノ湖は、権現御手洗(ごんげんみたらし)の池とたたえられる湖です。芦ノ湖に面した「平和の鳥居」で水の気を吸収!

\ 箱根神社 /
箱根神社 奉拝 令和六年五月一日
墨書/奉拝　印/箱根神社　●印に墨書がかからないよう書かれています。社殿近くのお札所ではなく、石段下の駐車場横にあるお札所で頂けます。九頭龍神社の御神印(御朱印)もこちらで頒布

\ 九頭龍神社 /
九頭龍神社 奉拝 令和六年五月一日
墨書/奉拝　印/九頭龍神社
●芦ノ湖畔に建つ「本宮」と箱根神社の社殿右手の「新宮」があります

\ 箱根元宮 /
箱根元宮 奉拝 令和六年五月一日
墨書/奉拝　印/箱根元宮
●神職のお勤め日(毎月1・13・15・24日および土・日曜、祝日)に頒布

主祭神/主な御利益
はこねおおかみ
箱根大神
縁結び、仕事・学業、心願成就、交通安全など

カードタイプなので身に付けやすい「仕事守」(500円)

表紙に社殿が描かれた御朱印帳(1500円)

DATA
箱根神社
創建/757(天平宝字元)年　本殿様式/権現造
住所/神奈川県足柄下郡箱根町元箱根80-1
交通/箱根町行き箱根登山バス「箱根神社入口」から徒歩10分
拝観時間/参拝自由。駐車場開門7:00～17:00、御守所8:30～17:00
拝観料/無料(宝物殿は大人500円、小人300円。団体割引25名以上)
URL http://hakonejinja.or.jp

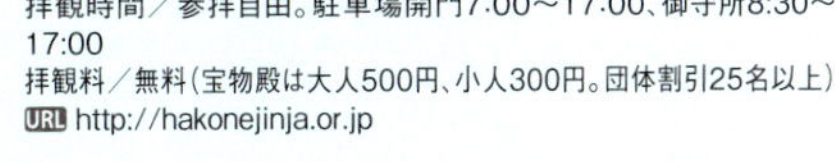

神社の方からのメッセージ
当社は樹齢600年を超える老杉やヒメシャラ純林、眼下には芦ノ湖と豊かな自然に抱かれた神社です。箱根神社に加え、九頭龍神社、箱根元宮へのお参り「箱根三社参り」をおさめ、より大きな御神徳をお受けください。

本殿向かって右手にある「安産杉」にもお立ち寄りを。古くから健全な母胎の象徴とされ、子孫繁栄を祈る霊木として崇敬されてきました。源頼朝の妻・北条政子も安産を祈願して無事に成就。女性に幸運をもたらす木といわれています。

茨城

二本松寺【にほんまつじ】

数万人を魅了するアジサイの名所

初夏に色鮮やかな花が咲く「あじさいの杜」。水戸光圀公が信仰を寄せた由緒ある寺院です。

平安時代初期の創建と伝わります。水戸徳川家が信仰を寄せ、1691（元禄4）年には水戸光圀公が本堂と寺領を寄進するなど興隆を極めました。しかし、明治に入ると廃仏毀釈を受け、一時衰退。その後、徐々に復興し、1991（平成3）年に現在の本堂が建設されました。御本尊の木造薬師如来坐像は鎌倉時代末期の制作とされ、内陣には十二神将などが安置されています。

ここが聖地POINT
1万株のアジサイが咲く

4万m^2の広大な境内に120～130種1万株のアジサイが咲き誇ります。30～40分の散策ルートが整備されていて、1ヵ月に4万人が観賞に訪れます。見頃は6月中旬頃。最新情報は公式SNSで公開されますので、事前に確認しましょう

限定御朱印はP.27で紹介！

墨書／奉拝、羽黒山、薬師如来を表す梵字ベイの印、薬師如来、二本松寺　印／仏法僧宝、羽黒山二本松寺之印　●あじさいまつり期間限定御朱印や元三大師の御朱印もあります

境内の一角にある書写佛堂。堂内に安置されている石像の阿弥陀如来は吹き出物や皮膚病を治癒する仏様として古来、庶民から信仰を集めています

厄を祓って願いをかなえる

「厄除祈願絵馬」（500円）は、「厄」の文字を抜き取って願かけをするユニークな絵馬です

病魔を鎮める力をもつ元三大師（がんざんだいし）を描いた「姿絵シール」（500円）。車や玄関の入口に貼りましょう

薬師如来が左手に持つ薬壺（やっこ）をモチーフにした「薬壺お守り」（500円）。体の悪いところが治ったという声が多数寄せられているそう。柄は一つひとつ異なります

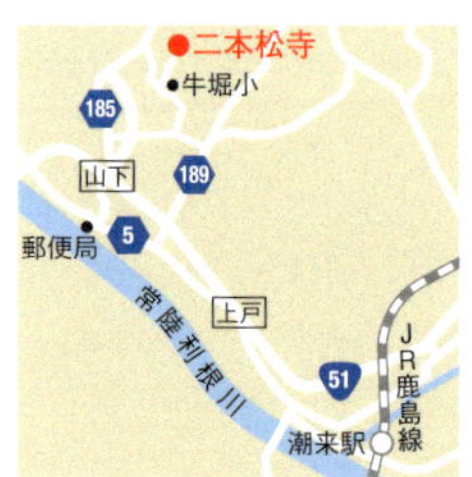

DATA
二本松寺
山号／羽黒山　宗旨／天台宗
住所／茨城県潮来市堀之内1230
電話／0299-64-2263
交通／JR鹿島線「潮来駅」から車15分
拝観時間／自由
御朱印授与時間／9:00～16:00
拝観料／無料（「あじさいの杜」は開花期間中400円）
URL http://www.nihonmatsuji.com/ajisai.html

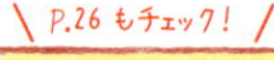
P.26もチェック！

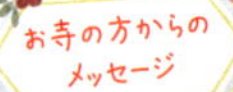
お寺の方からのメッセージ

アジサイは約1年かけて手入れしています。バラのように真っ赤な品種など、赤いアジサイが多いのが特徴です。散策コースは水戸光圀公お手植えのマキや、菩提樹も楽しめるようになっています。

不思議な力をもつという元三大師はおみくじの創始者。かつて京で病がはやったときに疫病神と闘う姿を版木に彫り、それをお札に刷って疫病を鎮めたとされます。毎年1月3～31日限定で元三大師の御朱印を授与しています。

栃木

願いをかなえて幸せな未来を狙い撃ち！

弓の名手・那須与一が屋島の合戦で必勝を祈願。目標を定めて願えば確かな力を授けてくれます。

那須温泉神社【なすゆぜんじんじゃ】

源氏の武将・那須与一が平家との戦いに備えて必勝祈願し、見事勝利したというエピソードが伝わります。そこで夢や目標を定めて成功を祈願すれば、成就する力を授けてくださるとされています。大鳥居をくぐり、真っすぐに延びた参道を進んだら、趣ある拝殿で参拝を。最後は境内前の無料足湯「こんばいろの湯」でひと休みしましょう。心身ともにリフレッシュできます。

水の聖地

ここが聖地POINT
霊験あらたかな御神水

二之鳥居脇にある境内社・愛宕神社麓の「愛宕福神水」でお水取り（初穂料1000円、容器は要持参）が可能。おいしいだけでなく御利益もある特別な湧き水です。お水取りを希望する場合は社務所に声をかけましょう

主祭神／主な御利益

大己貴命（おおなむちのみこと）

少彦名命（すくなひこなのみこと）　誉田別命（ほんだわけのみこと）

必勝祈願、商売繁盛、家内安全、病気平癒、身体健全、縁結びなど

社務所の手前に「君が代」に詠まれているさざれ石が祀られています。神霊の宿る石とされ、触れることで願いがかなうと信じられています

拝殿の手前、参道の右手にある御神木は、推定樹齢800年のミズナラの木。「生きる」と名づけられているように、近づくだけで強い生命力を感じます

御朱印帳はP.23で紹介！

墨書／奉拝、温泉神社　印／那須与一祈願社、下野國・延喜式内温泉神社・那須湯　●那須与一の功績にあやかろうと那須周辺に多くの温泉神社が創建されました

墨書／奉拝、九尾稲荷神社　印／白面・金毛・九尾稲荷　●境内社の御朱印。九尾の狐は絶世の美女に化けて悪事をはたらいたと伝えられています

弓の名手・那須与一にあやかった「一矢必中守」（800円）は必勝や心願成就のパワーを頂けます

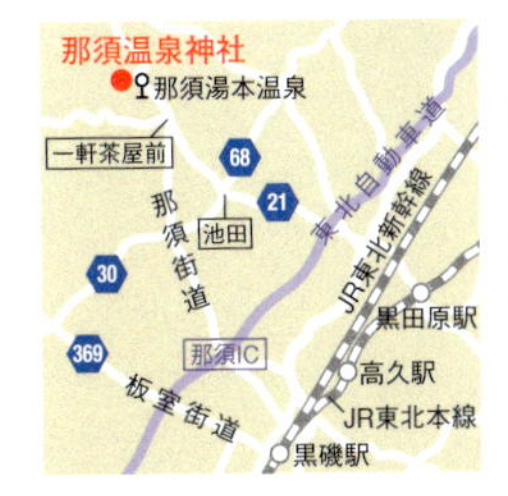

DATA
那須温泉神社
創建／630（舒明天皇2）年
本殿様式／神明造
住所／栃木県那須郡那須町湯本182
電話／0287-76-2306
交通／JR東北本線「黒磯駅」から車25分、または関東バス「那須湯本温泉」から徒歩1分
参拝時間／自由
御朱印授与時間／9:00～16:00
URL http://nasu-yuzen.jp

神社の方からのメッセージ

毎年10月8～9日に例大祭が行われます。8日は湯汲（ゆくみ）祭、調湯（ちょうとう）祭、献湯（けんとう）祭を開催。温泉の恵みに感謝するお祭りです。9日は神輿が町内を渡御します。

白い鹿を追って山中に踏み入った狩人が、神様に導かれて万病を治すという温泉を発見し、神社を建立したのが始まりと伝わります。大鳥居から眼下を眺めると、晴れた日には八溝山まで望めます。気象条件が合えば、雲海を見ることもできます。

栃木

水の神様が子供の成長を見守る

涌釜神社【わっかまじんじゃ】

神社に祀られる二柱の祭神は水の神様。境内には「日本の名水百選」に選ばれた出流原弁天池があり、浅く澄んだ水中を鯉が泳いでいます。天水分神は「みくまり」の読み方が「みこもり」と似ているため、子守の神様としても有名です。そのため参拝客には子供の健やかな成長を願うファミリーの姿が多く見られます。

出流原弁天池は、栃木県の天然記念物。最近ではTVにも取り上げられ、話題となっています

主祭神／主な御利益

天水分神（あめのみくまりのかみ）　国水分神（くにのみくまりのかみ）

水の神、子守の神

墨書／奉拝　印／左三つ巴紋、干支、家内安全、涌釜神社、3匹の鯉　●御朱印は神社隣の福寿荘売店で授与されます。書き置きのみです

DATA

涌釜神社

創建／不詳

本殿様式／流造

住所／栃木県佐野市出流原町2123

電話／0283-25-0152（宮司宅）

交通／東武佐野線「田沼駅」から車10分

参拝時間／自由

御朱印授与時間／10:00～16:00

ここが聖地POINT

「弁天池」は、映画『もののけ姫』のシシ神の森の池に似ていると話題に。澄んだ清水からは神様のパワーを感じます

栃木

御神水は万病に効果あり!?

日光大室高龗神社【にっこうおおむろたかおじんじゃ】

山の神に守られた聖域・大山に鎮座。一の鳥居を抜けて約40段の階段を上ると境内にたどり着きます。本殿の手前にある手水舎にたたえられているのは、大山の中腹から湧き出る御神水「龗の水」です。「龗」とは水を司る龍神のこと。御神気のこもった無病息災の霊水は、手洗いのほか飲料水としても利用できます。

墨書／奉拝、髙龗神社　印／日光大室高龗神社　●癒やされるキュートなイラストが特徴。季節の花が描かれた御朱印もあります

「病落とし絵馬」（600円）。逆さになった「病」の字を下げて病を治す！

表

裏

御神水、祈願折り紙、境内の森にすむムササビをデザインした御朱印帳（1500円）

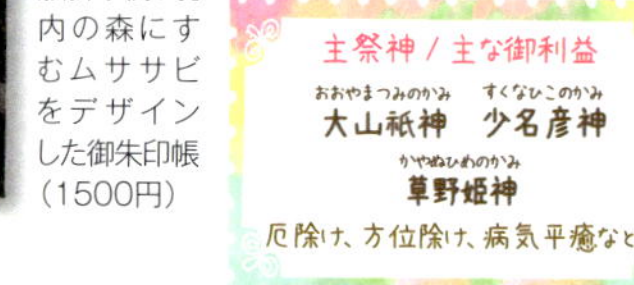

日光大室高龗神社
279
大室
62
向原
大室ダム

DATA

日光大室高龗神社

創建／不詳

本殿様式／権現造

住所／栃木県日光市大室1619

電話／0288-26-6240

交通／関東バス「向原」から徒歩15分

参拝時間／自由

御朱印授与時間／10:00～16:00

URL https://takaokami.skr.jp

ここが聖地POINT

御神水は手水舎そばの水汲み場から持ち帰り可能。水温は14℃に保たれています

群馬

赤城神社

【あかぎじんじゃ】

キレイを目指す女子を女神がサポート

赤城山頂上に広がる湖畔に鎮座。鮮やかな社殿に美しい赤城姫を祀っています。

赤城山頂上の大沼(おの)湖に浮かぶ小鳥ヶ島に立つ神社で、島全体が聖域です。赤城山と湖の神様を祀っています。神社の方によると「湖の神様は赤城姫という、きれいなお姫様で女性の願いならなんでも力を与えてくれます」とのこと。"美人になって良縁を得たい"というちょっと贅沢な願いごともかなえてもらえるかもしれません。御朱印は本殿に向かって右側の授与所で頂けます。

主祭神／主な御利益

赤城大明神(あかぎだいみょうじん)

縁結び、開運招福、学業成就など

水の聖地

ここが聖地POINT
大沼湖の水源が御神水

神社のある大沼湖は標高1345mに位置します。その源は御神水と呼ばれ、古来、朝廷や幕府に献上されてきました。毎年5月8日の「山開き祭・例大祭」にはこの水を持ち帰り、各村の田の口に注ぎ、豊作を祈願します

御朱印帳（3000円）には十二単を身にまとった赤城姫が描かれています。赤・桃・金・紫・黒の全5色

神社は神様のお使いのカモが人々を幸せにするためにこの地に残り、島となったと伝わる小鳥ヶ島にあり、朱塗りの御神橋「啄木鳥橋（きつつきばし）」を渡って行きます。遠くに地蔵岳を望みます

女性の願いをかなえ、守ってくれる特大特別祈願済みの「姫守り」（各3000円）

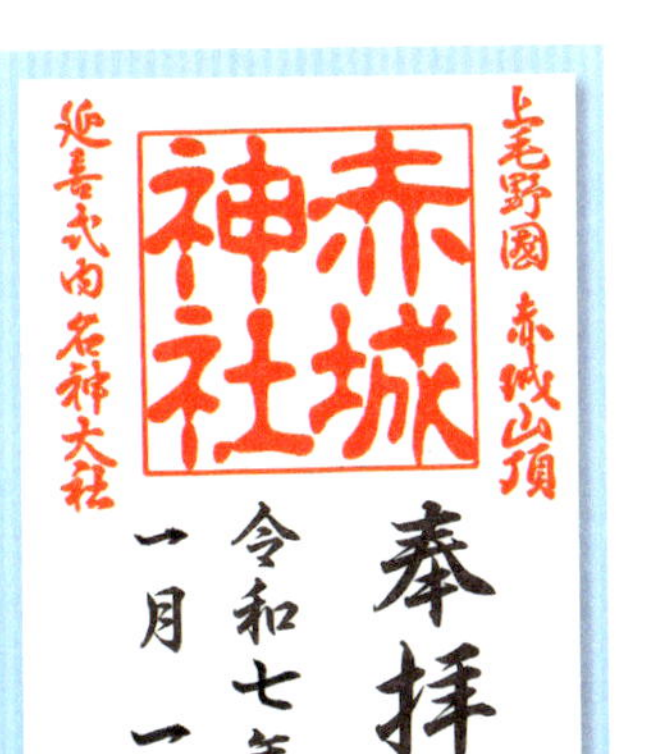

墨書／奉拝　印／上毛野國　赤城山頂、赤城神社、延喜式内名神大社　●書き置きを頒布。季節の御朱印もあります。創建年代は不明ですが、最も古い記述は「大同元年」（806年）。原始山岳信仰の神様をお祀りする神社です

DATA

赤城神社

創建／不詳

本殿様式／権現造

住所／群馬県前橋市富士見町赤城山4-2

電話／027-287-8202

交通／関越交通バス「あかぎ広場前」から徒歩10分

参拝時間／日の出より日没まで

御朱印授与時間／9:00～16:00

URL http://akagijinja.jp

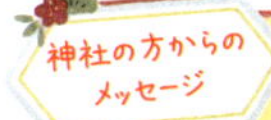

常に清浄を心がけ、気持ちよく参拝していただけるようにしています。女性の願いがかなう神社として女性の神職、巫女がご奉仕します。良縁成就、厄除け、どのような御祈願も神様にお取り次ぎいたします。

毎年8月の第1土曜に行われる夏祭りでは、小笠原流弓馬術礼法宗家と門人方による弓術の奉納が境内で執り行われます。夜には幻想的な灯籠流しや、フィナーレ花火の打ち上げが。前橋の空と湖面を鮮やかに彩る真夏の祭典です。

群馬

雷電神社

【らいでんじんじゃ】

仕事も学業も雷電パワーにおまかせ

三柱の主祭神の総称が雷電様。強い力で仕事や学業成就をサポートしてくれます。

雷電様は雨と雷を発生させ、水と火の働きを左右する、強い力のもち主。そこで電気・通信関連の仕事や工事の安全に力を授けていただけます。また、学問の神様・菅原道真公も祀られているので、試験合格を目指す受験生の強い味方にもなってくれるはずです。本殿は正面の真ん中に一本柱が立ち、左右に扉が付くという珍しい造り。群馬県指定重要文化財になっています。

美人長命の御利益がある弁財天

境内にある弁財天の石像。授与所で頒布している「卵抱白蛇御守」にお願いごとを書いた紙を入れ、石像の足元に奉納し、成就を祈ります。

主祭神／主な御利益

火雷大神（ほのいかづちのおおかみ）
大雷大神（おおいかづちのおおかみ）
別雷大神（わけいかづちのおおかみ）
菅原道真公（すがわらのみちざねこう）

仕事・学業、方位除けなど

シックな黒地に境内に約500本ある蝋梅（ろうばい）の模様が美しい御朱印帳

ここが聖地POINT

境内の雷電沼には龍がすむと伝えられ、参拝者が身を清める沼でもありました。沼のほとりには水の女神・市杵島姫命を祀る弁財天があり、美人長命、財宝富裕の御利益を授けてくれるとされます

総本宮　上州板倉
雷電神社
令和　年　月　日

墨書／総本宮、上州板倉、雷電神社　印／雷神様、雷電神社　●関東地方に数多くある雷電神社の総本宮。神社の方は「御朱印には御神徳がこもっています」と言います。雷神様の頼もしい力を感じながら大切に保管を

開運・招福、そしてあらゆる災難から守ってくれる「なまず御守」（700円）

地震除けの「なまずさん」。この像をなでると自信が湧いてくると伝わっています

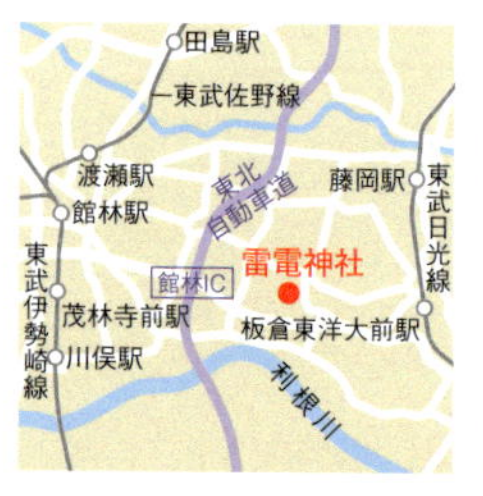

DATA

雷電神社

創建／598（推古天皇6）年頃
本殿様式／二間社権現造
住所／群馬県邑楽郡板倉町板倉2334
交通／東武日光線「板倉東洋大前駅」から車10分
参拝時間／自由
御朱印授与時間／9:00～16:00
URL http://www.raiden.or.jp

神社の方からのメッセージ

7月第2日曜の10:00～15:00は「美卵奉献日」です。この日は授与所で卵1個を差し上げています。これを弁財天にお供えしてから、持ち帰り、その日のうちに調理して頂くと開運や厄除けの御利益があるといわれています。

雷電神社には福禄寿が祀られ、館林七福神のひとつ。ほかは尾曳稲荷神社（弁財天）、普濟寺（布袋尊）、善長寺（寿老尊）、茂林寺（大黒天）、善導寺（毘沙門天）、長良神社（恵比寿神）です。毎年1月3～31日には各寺社で宝船色紙を授与。七福神の御朱印札が頂けます。

埼玉

龍神様の聖水でエネルギーチャージ

かつては神仏習合の修験道場でした。八大龍王神を祀ったのが最初とされます。

秩父今宮神社【ちちぶいまみやじんじゃ】

鳥居の先に武甲山からの伏流水が湧く龍神池が広がります。池の水は昔から生命力を授けてくれる龍神様の霊水とされてきました。心配ごとやイヤなことで心が弱っているときに参拝すると元気を頂けるはず。境内には龍神池から湧水を引いた「清龍の滝」が流れ、この滝で宝くじを洗ったら高額当選したとの報告もあるとか。お水取りができるので容器を持参しましょう。

ここが聖地POINT
幸せを授ける「龍上観音」

生命力を授けてくださる龍神池の観音様。水瓶を持ち、龍神に乗った威厳あふれる姿で、忍び寄る災いを祓い、厄除けや開運の力をもつとされています。観音様の霊力で守護開運力を授かりましょう

主祭神／主な御利益

伊邪那岐神（いざなぎのみこと）　伊邪那美神（いざなみのみこと）
須佐之男命（すさのおのみこと）　八大龍王神（はちだいりゅうおうしん）
仕事・学業、縁結びなど

桐箱に入ったお守り「白龍」（2000円）。御神霊が入っており、絶大なる守護開運パワーを頂けます

天満宮の御祭神は学問の神様・菅原道真公。試験などに挑む人の強い味方です。2020年に新社殿を建立。菅公坐像を祀ります

八大龍王神・聖観世音菩薩・神変大菩薩の三体の神仏の力がひとつになった癌封じの「三体守」（1000円）

御朱印帳はP.23で紹介！

墨書／奉拝、今宮神社　印／秩父修験発祥の地、今宮神社、今宮神社　●江戸時代までは「今宮坊」と呼ばれ、八大龍王宮を中心に数多の神祠、寺院、観音堂（札所十四番）を擁する修験道場として、秩父三十四観音霊場の発展にも寄与しました

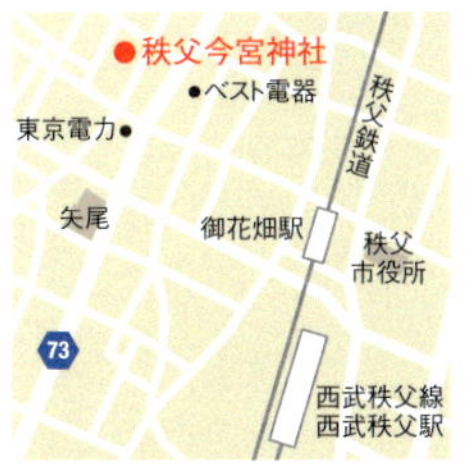

DATA
秩父今宮神社
創建／701～704年（大宝年間）
本殿様式／大社造
住所／埼玉県秩父市中町16-10
電話／0494-22-3386
交通／秩父鉄道「御花畑駅」から徒歩7分、または西武秩父線「西武秩父駅」から徒歩13分
参拝時間／自由
御朱印授与時間／9:00～16:30
URL http://www.imamiyajinja.jp

神社の方からのメッセージ

毎年5月上旬にフクロウ（アオバズク）が南国より飛来し、御神木である龍神木（ケヤキ）の樹洞に巣を作り、ヒナを育てています。9月末頃には巣立っていきますが、天気のよい日には龍神木の梢にとまるヒナのかわいい姿を観察できます。

毎年4月4日は「龍神祭」。午前中に神前で巫女による舞いや奉納演奏が行われます。同日の午後には龍神池の神水を秩父神社に授与する「水分神事」があります。6月7日に近い土曜か日曜には「役尊神祭」、9月28日には無病息災を祈る例祭が開催されます。

千葉

天津神明宮

【あまつしんめいぐう】

太陽の力強いパワーでプラス思考に

「房総伊勢の宮」と称される由緒あるお社。太陽の女神がもつ無限のエネルギーを頂けます。

源頼朝が伊勢神宮より御分霊を勧請し創建された、800年以上の歴史ある神社です。祀られているのは生命力を授けてくれる太陽の女神。「お祓いを済ませた方が、見違えるほど元気になって帰られるのがうれしい」と言う宮司さんの言葉が、女神の力の偉大さを物語ります。心身を明るくする太陽のエネルギーをしっかりチャージして、運気アップをお願いしましょう。

ここが聖地POINT
海を望む良縁祈願の境内社

境内社の諾冉（なぎなみ）神社の頂上から鴨川の海を望めます。険しい道を10分ほど登りますが、イザナギとイザナミの夫婦神を祀る神社なので、恋愛成就の御利益はばっちり！ 諦めずに登りましょう

主祭神／主な御利益

天照皇大御神（あまてらすおおみかみ）　豊受大神（とようけおおかみ）
八重事代主神（やえことしろぬしのかみ）

運気向上、縁結び、夫婦円満、商売繁盛など

御朱印を頂いたら一緒に受けられる「一言書き」。「神人和楽（しんじんわらく）」と記されており、「神様と人が一緒に和み楽しむ」という意味があります

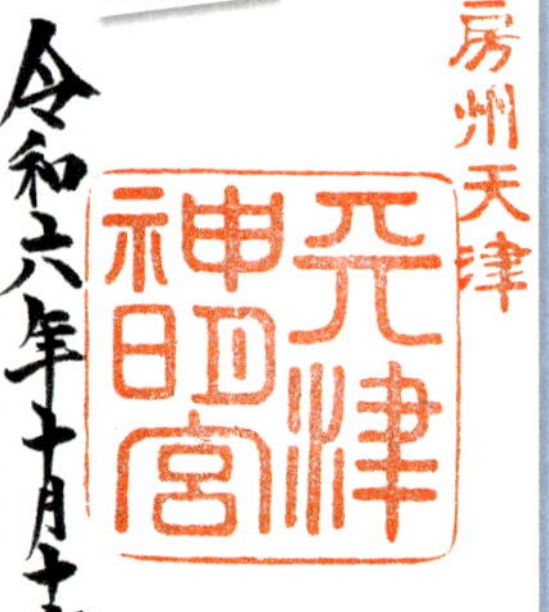

印／房州天津、天津神明宮　●墨書のないシンプルな御朱印は伊勢神宮と同じスタイル。社印は山桜の木から宮司が自ら彫り出したものを使用しています

印／房州天津、諾冉神社　●拝殿右手の境内社・諾冉神社の御朱印。天津神明宮の社務所で頒布

太陽の女神がもつ無限のエネルギーが頂けるお守りは、袋守りとカード型の2タイプ（各1000円）

オートバイに乗るライダー向けの「鉄馬（バイク）守」（700円）

御祭神である太陽の女神をイメージした御朱印帳。陽光の中に神明造の社殿をあしらっています（1500円）

袋守り！

太陽の光をたっぷり受けて咲くひまわりのように、陽の気が明るい毎日を送る生命力を与えてくれます。袋守りとストラップ型の2タイプあります（700円）

DATA
天津神明宮
創建／1184（元暦元）年
本殿様式／神明造
住所／千葉県鴨川市天津2954
電話／04-7094-0323
交通／鴨川日東バス「神明神社前」から徒歩5分
参拝時間／自由
御朱印授与時間／9:00～17:00
URL http://www.shinmei.or.jp

神社の方からのメッセージ

かつては伊勢神宮にならって式年遷宮（社殿の建替）を行っていたといわれています。今でも三の鳥居（石造）を除く鳥居が20年に一度建て替えられます。現在の鳥居は2015（平成27）年に建てられたものです。

御朱印を頂いた際に一緒に受けられる「一言書き」。「神人和楽」と記されていますが、リピーターにはほかの言葉が贈られることもあるのだとか。宮司の筆による、心のこもった神訓も持ち帰り自由です。

東京

九頭龍神社【くずりゅうじんじゃ】

勇気と強い信念を授ける龍神パワー

山奥の小さな神社には龍神様の力を頼りに
全国から良縁祈願に訪れる女子が絶えません。

水の聖地

秋川渓谷の最上流部、数馬の森に鎮座。交通が便利とはいえない山奥にある神社ながら、常に参拝者が絶えません。それほど龍神の力が絶大なのです。神社近くの九頭龍の滝は滝行が行われる神聖な場所。清浄な空気が漂います。御朱印は五日市方向へ400m離れた古民家の宿「山城」内にある社務所で頂きます。「山城」は社家・中村家の住宅で、江戸時代末期の建物です。

主祭神／主な御利益

九頭龍大神（くずりゅうのおおかみ）　天手力男命（あめのたぢからおのみこと）

縁結び、仕事運、病気平癒など

ここが聖地POINT
滝行ができる九頭龍の滝

神社から約150m。落差10m2段の滝で年間を通して滝行が行われます。神社に問い合わせれば、行者の指導による滝行体験が可能。スポーツ選手や芸能人も頻繁に訪れるパワースポットです

表　裏

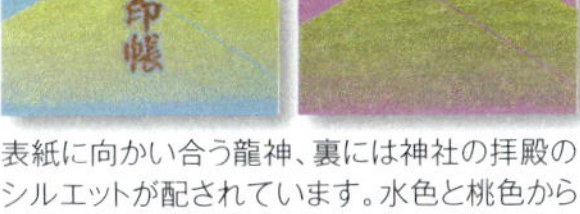

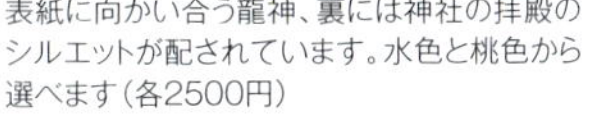

表紙に向かい合う龍神、裏には神社の拝殿のシルエットが配されています。水色と桃色から選べます（各2500円）

「龍神開運守」（800円）は開運招福を願うお守り

龍神を織り込んだ「龍神結守」（800円）は縁結びのお守り

毎年9月第2日曜に例祭が行われます。祭で奉納される太神楽、三匹獅子、バカ面獅子は東京都の無形文化財に指定

墨書／奉拝　印／九頭龍神社、檜原村九頭龍神社印　●押印されているのは御祭神の姿で、九頭龍神社に古くから伝わる木版がモチーフです。御札には同じ龍神の姿の木版が使われ、宮司が一枚一枚刷っています

DATA
九頭龍神社
創建／不詳 ※1545（天文14）年勧請
住所／東京都西多摩郡檜原村数馬7076
電話／042-598-6135（宮司宅）
交通／西東京バス「数馬」から徒歩5分
参拝時間／8:00～17:00
御朱印授与時間／9:00～15:30
URL http://www.tokyokuzuryujinja.net

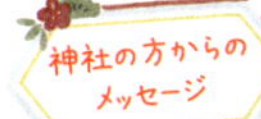

神社の方からのメッセージ

1336（延元元）年、南北朝時代に武蔵国を支配していた「武蔵国七党」横山党小野氏のひとり「中村数馬守小野氏経」が当地を拓き、九頭龍神を氏神として祀りました。以来、中村家が代々、神主を受け継いでいます。

年始は1月1日午前0:00～1:00まで参列者のお祓い、神札・お守りのおたき上げを行っています。6月と12月は、罪穢れや不純なものを神様のお力によって祓い清めていただく、大祓式を行います。

東京

陽運寺【よううんじ】

良縁を招き、悪縁を断つお岩様ゆかりの寺

お岩様を霊神として祀っていて、本堂にはお岩様の木像が安置されています。「四谷怪談」は江戸時代後期、歌舞伎作者4世鶴屋南北が書いた怪談話。夫に裏切られたお岩様が、幽霊となって復讐を果たします。悪縁を断ち切り、良縁を招く場所としても有名です。毎月一日に開運祈願祭を行います。

墨書／於岩稲荷　印／奉拝、三宝印、福禄寿、Tokyo Yotsuya youunji　●月替わりで頒布される季節の御朱印「ボタニカルシリーズ」です

お岩様を祀っていることから於岩稲荷とも呼ばれ、縁結びの御利益を求めて全国から参拝者が訪れます

紺色の絵馬は悪縁切りの祈願、赤い絵馬は縁結びの祈願を書いて奉納しましょう（各1000円）

DATA
陽運寺
山号／長照山　宗旨／日蓮宗
住所／東京都新宿区左門町18
電話／03-3351-4812
交通／東京メトロ丸ノ内線「四谷三丁目駅」から徒歩5分、またはJR中央・総武線「信濃町駅」から徒歩8分
拝観時間／8:00～17:00
御朱印授与時間／9:00～16:30
拝観料／無料
URL http://oiwainari.or.jp

ここが聖地POINT
お題目を唱えながら水かけ福寿菩薩に水をかけると悪運や邪気が祓われるといわれています。境内にはお岩様ゆかりの井戸もあり、女性の守り神としてあがめられています

神奈川

延寿寺【えんじゅじ】

三浦七福神の大黒天を祀る花の寺

開山は日範上人です。日蓮聖人門第九老僧のひとりという高僧で、120歳を超える長寿を全うしました。建立は鎌倉時代の1310（延慶3）年。日範上人はこのお寺で亡くなりました。本堂前には御本尊の釈迦多宝如来が安置され、その右手の厨子には日範上人が彫ったとされる、福々しい表情の寿福大黒天が祀られています。

墨書／奉拝、寿福大黒天、寿福山延寿寺　印／三浦七福神、三宝印、三浦大黒天延寿寺、延寿寺印　●「干支守り本尊」八沸霊場や秋の七草寺社めぐりなどの御朱印も

石段を上れば本堂です。樹齢約300年のイチョウは三浦市の保護樹林

東国花の寺の札所。寺を代表する花はプリムラという西洋サクラソウです。濃いピンク色の花を咲かせます

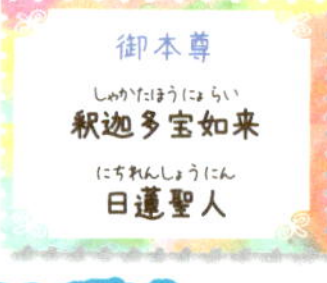

DATA
延寿寺
山号／寿福山　宗旨／日蓮宗
住所／神奈川県三浦市初声町下宮田3403
電話／046-888-1815
交通／京急バス「宮田」から徒歩10分
拝観時間・御朱印授与時間／5:30～17:00、冬期9:00～16:00
拝観料／無料

ここが聖地POINT
延寿寺から徒歩約10分、黒崎半島の先端に位置する黒崎の鼻は、三浦半島随一の絶景スポットです。海と富士山を眺めれば心が洗われるようです

ロケーションも恋愛成就をあと押し！

境内からは青い海と富士山の雄大な景色を一望。ご縁を結ぶ葉山のパワースポットとして人気です。

神奈川

森戸大明神【もりとだいみょうじん】

水の聖地

源頼朝の鎌倉幕府樹立に力を授けたという御祭神が恋愛成就を応援してくださいます。本殿裏手からの眺めはかつて頼朝も見た光景。歴女でなくとも、頼朝とその妻・北条政子のロマンスに思いをはせてみて。浜辺へは神社手前のみそぎ橋を渡ります。かつて、この浜で海水を浴び、穢れを祓う「みそぎ」を行ったそう。潮風に吹かれれば心身もすっきり、よい恋を迎える準備OKです。

ここが聖地POINT

沖合に浮かぶ龍神の島

神社裏手の浜辺から沖合700mに浮かぶ名島は龍神を祀り、島には赤い鳥居が建てられています。鳥居の向こうに日が沈む光景は「森戸の夕照（せきしょう）」とされ、「かながわ景勝50選」にも選ばれたロマンティックな眺めです

主祭神／主な御利益

大山祇神（おおやまつみのかみ）　事代主神（ことしろぬしのかみ）

縁結び、開運厄除け、子授け、安産など

本殿の裏手に回ると、目の前に絶景が。岩上に枝を広げる見事な松は千貫松です

毎年ブラッシュアップされる夏花火御朱印帳（2500円、御朱印含む）。写真は2020年バージョン。表裏いっぱいに花火が広がる華やかなデザインです

森戸大明神でお清めされた「御神塩」（1000円）。お守りとして持ち歩くほか、お清めや魔除けにも使用できます

墨書／森戸大明神　印／相州葉山郷総鎮守、森戸大明神、森戸神社参拝記念 相州葉山

●御祭神二柱を合わせて森戸大明神と称しています。相州は神奈川県の旧国名である相模のことです。森戸神社は葉山村の鎮守でした

DATA

森戸大明神

創建／1180（治承4）年

本殿様式／流造

住所／神奈川県三浦郡葉山町堀内1025

電話／046-875-2681

交通／JR横須賀線「逗子駅」または京急逗子線「逗子・葉山駅」から車10分

参拝時間／自由

御朱印授与時間／9:00～17:00

URL http://www.moritojinja.jp

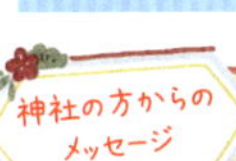

「子宝の石」を祀る水天宮も人気のスポットです。また、子宝石はお守りと一緒に授与もしており、森戸大明神を訪れて子授け祈願を受けるご夫婦も数多くいらっしゃいます。お子様を授かったというたくさんの喜びの声が全国から届いています。

毎年、9月8日の例大祭後に奉納される湯立神楽（ゆだてかぐら）。日本の伝統的な神楽のひとつで、釜で煮えたぎらせた湯で神事を執り行います。葉山でいちばんのにぎわいをみせるこのお祭りでは、御神輿が海に入る勇壮な姿も見ることができます。

今、行くべき聖地SPOT

谷沢（やざわ）川沿いの遊歩道
※遊歩道は2024年9月現在通行止め（2025年度中に開放予定）。日本庭園は利用可能

町の聖地
東京

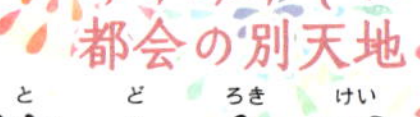

みずみずしい
都会の別天地

等々力渓谷（とどろきけいこく）

東京23区にある唯一の自然渓谷です。斜面にケヤキやシラカシなどの雑木林が残り、赤いアーチのゴルフ橋と緑のコントラストが鮮やかです。野鳥のさえずりを聞きながら、桜や新緑、紅葉と季節ごとの景観散策が楽しめます。

DATA
住所／東京都世田谷区等々力1-22、2-37～38
電話／03-3704-4972（玉川公園管理事務所）
交通／東急大井町線「等々力駅」から徒歩3分
営業時間／見学自由、日本庭園9:00～17:00（11～2月～16:30）
休み／日本庭園12月29日～1月3日

等々力不動尊の対岸には日本庭園と書院があり休憩にぴったり
©世田谷区

島の聖地
神奈川

東京湾に浮かぶ
無人島

猿島（さるしま）

終戦まで東京湾を護る貴重な防衛拠点だった猿島。緑深い木々に囲まれた島内には、フランス積みのれんがで造られた要塞跡などの旧軍施設が今も当時の姿をとどめています。

※島北側の洞窟は立ち入り禁止

DATA
住所／神奈川県横須賀市猿島1
電話／046-825-7144（9:00～17:00、トライアングル※猿島渡船の運航会社）
交通／京急本線「横須賀中央駅」から徒歩15分で三笠桟橋着、三笠桟橋から船10分
営業時間／三笠桟橋発9:30～16:30（11～2月～15:30）
休み／荒天時
料金／乗船料1500円（大人）、入園料500円（大人）

美しいれんがと精巧な造りのトンネルは神秘的

島では釣りやバーベキューなどが楽しめます

Part 3
第三章

森の聖地

ヒーリング効果のある森林浴は、
知らず知らずのうちに酷使している
目、頭、体、そして心に
やすらぎを与えてくれます。
樹の生命力を全身に浴びれば
心身まるごとよみがえった
自分を実感できるはず。

極彩色に彩られた世界遺産を訪ねて

神聖な気が満ちる日光で願いをかなえる

栃木 日帰りプラン

山々に囲まれた日光は国内屈指の観光地。1日をフルに使って世界遺産の社寺や、天狗の御朱印で有名な神社を参拝しましょう。うっそうと茂る樹木を眺めながら歩けば、自然と心が癒やされ、気分も前向きになりそうです。

御本尊
薬師瑠璃光如来（やくしるりこうにょらい）

境内に湧く瑠璃色の湯は延命長寿の名湯

温泉寺（おんせんじ）

788（延暦7）年に開かれた日光山輪王寺の別院。勝道上人が発見した温泉は、薬師湯や瑠璃湯と呼ばれ、奥日光湯元温泉の始まりになったとされます。江戸時代には日光奉行の許可を受けた人しか入浴できませんでした。今では誰でも入浴できる男女別の入浴施設が本堂手前にあります。入浴は1時間500円でお茶とお菓子付き。

御本尊の薬師瑠璃光如来像。1966（昭和41）年に発生した台風の土砂崩れで薬師堂がつぶれた際、如来像は落下した大岩の上に無傷で鎮座していたと伝わります

写経体験で特別御朱印を頂く

薬師経の一部分（16文字）を写経する約15分の体験。納経すると金紙に書かれた特別御朱印を頂けます（志納金1000円）。

エメラルドグリーンの湯は源泉かけ流しで高温。温泉成分が濃いお湯です

墨書／奉拝、日光山、薬師如来、温泉寺　印／奉拝、薬師如来を表す梵字ベイの印、日光山温泉寺　●御朱印は書き置き。御朱印帳に頂く場合は中禅寺へ

DATA
温泉寺
山号／日光山　宗旨／天台宗
住所／栃木県日光市湯元2559
電話／0288-55-0013（中禅寺）
交通／東武バス「湯元温泉」から徒歩5分
拝観時間／自由（入浴8:00～17:00、12月～4月上旬閉鎖）
御朱印授与時間／8:00～17:00
拝観料／無料（入湯料500円）
URL https://www.rinnoji.or.jp/temple/onsenji/

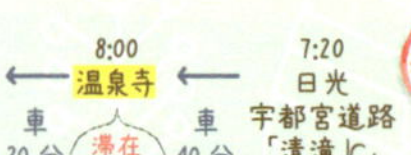

華厳滝で穢れを祓う

日本三名瀑のひとつを訪ねて、自分の身にたまった穢れをリフレッシュ！　高さ97mの岩壁から一気に落下する姿は雄大でありながら華麗です。エレベーターで観瀑台まで行くと、迫力の滝つぼが間近で見られます。

DATA
華厳滝（けごんのたき）
住所／栃木県日光市中宮祠
電話／0288-22-1525（日光市観光協会）
交通／東武バス「中禅寺温泉」から徒歩5分
URL http://www.nikko-kankou.org/spot/5/

日帰りプラン

7:20 日光宇都宮道路「清滝IC」 → 車40分 → 8:00 温泉寺（滞在約1時間） → 車20分 → 9:20 華厳滝（滞在約30分） → 車40分 → 10:30 日光東照宮（滞在約2時間30分） → 車1分 → 13:00頃 輪王寺（滞在約1時間）＼周辺でランチ／ → 車50分 → 14:50 古峯神社（滞在約1時間） → 車50分 → 16:40 東北自動車道「鹿沼IC」

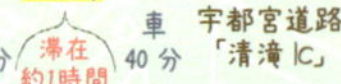
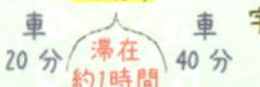
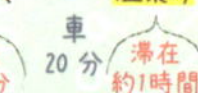
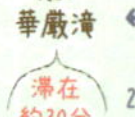

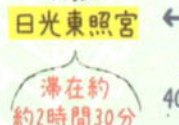
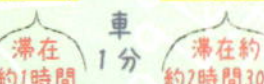
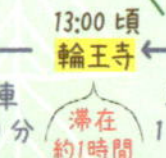

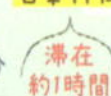

主祭神
東照大権現（とうしょうだいごんげん）
（徳川家康公（とくがわいえやすこう））

日光といえばこちら！ 強力な出世運＆勝運を頂く
日光東照宮（にっこうとうしょうぐう）

江戸城から見て鬼門の方角（北東）に位置し、日光や江戸を魔から守るために建立されたといわれています。東照宮のシンボル的存在は陽明門。500を超える彫刻が施された絢爛豪華な門で、江戸時代初期の工芸や装飾技術が尽くされているそう。いつまで眺めていても飽きがこないことから、別名「日暮し門」と呼ばれています。祭神は徳川家康公。人質から天下を取るまでに出世した家康公にあやかり、出世運と勝運のアップを祈願しましょう。社殿をめぐったら祭神の廟所である奥宮の御宝塔まで参拝を。杉木立に囲まれた神域は一段と強いパワーを感じます。

奉拝
令和　年　月　日

墨書／奉拝　印／日光東照宮
●境内の薬師堂では「鳴滝」の御朱印を頂けます。奥宮でしか頂けない御朱印もあります。書き置きのみ

奥宮の「叶杉」

御宝塔近くに立つ樹齢約600年とされる御神木。幹の洞に向かって願いごとを言うとかなうといわれています。

DATA
日光東照宮
創建／1617（元和3）年　本殿様式／権現造
住所／栃木県日光市山内2301　電話／0288-54-0560
交通／JR「日光駅」または東武日光線「東武日光駅」から徒歩30分
参拝時間／9:00～17:00（11～3月～16:00、受付終了30分前）　拝観料／1600円
URL http://www.toshogu.jp

時間があったら行きたい！

主祭神
田心姫命（たごりひめのみこと）

“日光の聖地”で御利益スポットをめぐる
瀧尾神社（たきのおじんじゃ）

「日光で最も聖なる場所」といわれる地に鎮座する日光二荒山神社（↓P.49）の別宮。祭神は女峰山の女神で、子授けや安産、子育ての神様として古くから崇拝されてきました。境内には、願いを込めると良縁が結ばれる「縁結びの笹」や、子授けと安産の御利益がある「子種石」など、運気上昇を期待できるスポットがたくさん。特に3本の御神木「三本杉」が並ぶ本殿裏手は境内で一番パワーを感じるといわれているため、必ずお参りしましょう。

「運試しの鳥居」。中央の丸い穴に小石を3つ投げてひとつでも入ると願いがかなうとか

鳥居、楼門の先にある拝殿。参拝前に参道脇にある白糸の滝で心身を清めるのもおすすめ

墨書／日光の聖地、瀧尾神社
印／丸に一の字紋、日光二荒山神社別宮・滝尾神社・女峰山
●御朱印を頂ける日光二荒山神社まで車で約10分

DATA
瀧尾神社
創建／820（弘仁11）年
本殿様式／三間社流造
住所／栃木県日光市山内
電話／0288-54-0535（日光二荒山神社）
交通／東武バス「大猷院・二荒山神社前」から徒歩22分
参拝時間／日の出から日没
御朱印授与時間／8:00～17:00（11～3月～16:00、受付終了30分前）※日光二荒山神社（→P.49）で授与

逍遥園は紅葉の名所

江戸時代の池泉回遊式日本庭園。宝物殿に来館した人はこちらへも入園可能です。四季折々の風情が楽しめ、特に秋の紅葉は目をみはる美しさです

新緑の時期もすばらしい！

技工を凝らした彫刻や華麗な天井画は必見

輪王寺（りんのうじ）

御本尊
阿弥陀如来（あみだにょらい）
千手観音（せんじゅかんのん）
馬頭観音（ばとうかんのん）

766（天平神護2）年、勝道上人により開山。本堂（三仏堂）、大猷院（たいゆういん）、常行堂などの堂宇や支院を総称して輪王寺と呼び、「日光の社寺」として世界遺産に登録されています。本堂の三仏堂は1645（正保2）年に建て替えられたもので、東日本では最大級の木造建築物です。堂内には千手観音、阿弥陀如来、馬頭観音の三体が日光三所権現本地仏として祀られています。境内の西にある大猷院は、徳川家光公の廟所。境内に立つ315基の灯籠が印象的です。

お堂の前にある金剛桜は推定樹齢500年。4月中旬～下旬に見事な花を咲かせます

三仏堂

御朱印帳はP.21で紹介！

墨書／奉拝、日光山、金堂、輪王寺　印／奉拝、阿弥陀如来を表す梵字キリークの印、日光山三佛堂　●御堂ごとに御朱印があります。御朱印授与所は全6ヵ所

「鬼門除け」（3000円）は、家の鬼門を抑える立春から節分までの祈願札。年によりデザインが変わります

DATA
輪王寺
山号／日光山
宗旨／天台宗
住所／栃木県日光市山内2300
電話／0288-54-0531
交通／東武バス「西参道入口」から徒歩5分
拝観時間・御朱印授与時間／8:00～17:00（11～3月～16:00、入場30分前まで）
拝観料／900円（三仏堂・大猷院合同券）
URL https://www.rinnoji.or.jp

大猷院二天門

世界遺産「日光の社寺」の構成資産のうちで最も大きな門。名前の由来は左右に持国天と増長天を安置することから

大猷院本殿

別名「金閣殿」。内部では140枚の龍の天井画や家光公が着用した鎧などが見られます

神社の手前6km付近で参拝者をお出迎え。高さ約24m、笠木の長さはなんと約34mもあり、迫力満点です！

一の大鳥居

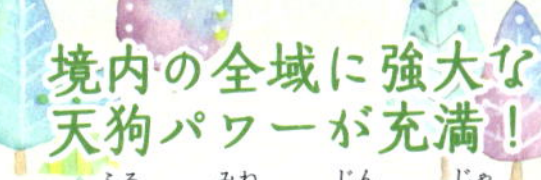

境内の全域に強大な天狗パワーが充満！

古峯神社（ふるみねじんじゃ）

主祭神
日本武尊（やまとたけるのみこと）

森の聖地

標高約700mの古峯ヶ原に鎮座。かつて大神様が祀られていて、日光を開山した勝道上人がここで修行を行い、男体山の登頂に初めて成功したと伝えられています。別名「天狗の社」と呼ばれるだけあり、拝殿や廊下にはところ狭しと天狗の像や面などがずらり。崇敬者が心願成就のお礼に奉納したため、多くの天狗が集まったのだとか。天狗関連の授与品も多く、なかでもバラエティに富んだ天狗の御朱印が有名です。古くから天狗は災いが起こるとただちに飛んできて、災難を取り除くと信じられてきました。天狗パワーですっきり厄祓いができそうです。

古峯ヶ原高原の山頂にある「深山巴（じんぜんともえ）の宿」。勝道上人が修行した神聖な場所とされ、清水が湧き出る池があります

境内のいたるところで祭神の使いである天狗に出会えます

関東屈指の日本庭園「古峯園」

参拝後は3年の年月をかけて造られた回遊式日本庭園へ。広大な敷地に配された梅やアジサイ、カエデといった四季折々の植物と、風情ある建物が織りなす美しい景色を堪能して。入園料500円。

ほかの御朱印はP.14で紹介！

墨書／奉拝、古峯ヶ原、古峯神社、天狗の絵　印／崇敬古峯社、古峯神社
●墨で力強く描かれる天狗の絵がインパクト抜群。手書きの場合、書き手によって天狗の絵が変わります。天狗の絵を描いてもらうには、行列なしでも20分ほどかかります。時間にゆとりをもって行きましょう

リアルな天狗の鈴「和合鈴」（800円）

「こぶちゃんホルダー」（800円）は開運と厄除けの御利益があります

交通安全に効果ありの「房付天狗」（1000円）

DATA
古峯神社
創建／580（敏達天皇9）年
本殿様式／神明造
住所／栃木県鹿沼市草久3027
電話／0289-74-2111
交通／JR日光線「鹿沼駅」または東武日光線「新鹿沼駅」から車35分
参拝時間／8:00～17:00
御朱印授与時間／8:30～16:00
URL http://www.furumine-jinjya.jp

幸せが花開く！　最高の良縁を授かる

桜に彩られた境内で
四柱の神々が縁結びをサポート。
季節で替わる美しい御朱印が人気です。

千葉

櫻木神社【さくらぎじんじゃ】

桜の大木のもとに神様を祀ったという創建エピソードが社名の由来です。神社の鎮座地は桜が多く自生し、平安時代から「桜の宮」と呼ばれ、たたえられてきました。境内には恋愛を花開かせる縁起のよい木といわれる桜が約40種類も植えられ、夏季以外は常に花を楽しめます。また、四柱の御祭神は生命を守り、男女の縁を結び、子孫繁栄まで守護してくださるパワーのもち主。まさに縁結びの最強スポットといえるでしょう。神社内でアイデアを出し合うという種類豊富な御朱印を求めて、県内はもちろん遠方からも参拝者が訪れます。

主祭神／主な御利益

倉稲魂命（うかのみたまのみこと）　武甕槌命（たけみかづちのみこと）
伊弉諾尊（いざなぎのみこと）　伊弉冉尊（いざなみのみこと）

縁結び、財運など

ここが聖地POINT
3本の桜は神社のシンボル

神社の再建御造営に際し、日本三大桜のひとつに数えられる福島県三春町の「三春滝桜」の子孫種を植えました。「三春小桜」と名づけられた3本の桜は、優美で生命力にあふれる神社の象徴です

川の上にあったトイレ「川屋」を表した御朱印を頂けます

「かわや神」を祀るトイレは必見

BGMが流れ、アロマの香り漂う「KAWAYAホール」は、繊細な心遣いが施された癒やしの空間。トイレ前にある川屋神社にはトイレの神々が祀られています。

神社の方からのメッセージ

悪い気を祓う“ケンケンパで厄祓い”や御神水の井戸など当社には見どころが数多くあります。土・日曜は参拝者が非常に多く、駐車場が満車になります。なるべく公共交通機関をご利用ください。

毎月1日は「ついたち百菓」として神前に奉納される特製和菓子1個を御朱印、おみくじとともに授与しています（500円）。和菓子は季節の花や行事をモチーフにしています。9:00から当日のみ、限定数の頒布となります。

一緒に行きたい立ち寄りスポット

水害を防ぐ地下神殿
首都圏外郭放水路（しゅとけんがいかくほうすいろ）

写真提供:国土交通省江戸川河川事務所

地底50m、全長6.3km。幾度となく繰り返された浸水被害を防ぐために建設された、世界最大級の地下放水路です。その壮大な姿から「地下神殿」と称されることも。見学の申し込みは予約サイトまたは電話にて。

DATA
住所／埼玉県春日部市上金崎720
受付／首都圏外郭放水路 見学会
電話／048-747-0281（9:00～16:30）
交通／東武野田線「南桜井駅」北口から車7分
開館時間／事前予約制
休み／業務上の都合・工事・天候などにより、予告なく見学会が中止・変更となる場合あり
URL https://gaikaku.jp

手作りサンドでにっこり
Kouji Sandwitch（こうじ さんどうぃっち）

毎朝手作りされるサンドイッチが大人気。野菜系、総菜系、スイーツ系、季節限定など、ラインアップは約50種類！「パン・具・パン・具・パン」のサンドイッチはひと口でふたつの味が楽しめます。

DATA
住所／千葉県野田市山崎1357-1
電話／050-5487-2680
交通／東武野田線「梅郷駅」西口から徒歩12分
営業時間／8:00～17:00（15:00以降は持ち帰りのみ）
休み／火曜、1月1日
URL https://gdaf001.gorp.jp

墨書／下総國のだ、櫻木神社、奉拝　印／月替わりの印、桜の印、櫻木神社之印、桜の印、土用印　●通常版の文字は墨の黒色ですが、季節に合わせて文字色が替わる「四季色字」の御朱印もあります

墨書／下総國のだ、櫻木神社、奉拝　印／月替わりの印、土用印、桜の印、社紋、桜の印　●中央の印が社名ではなく社紋の山桜です

限定御朱印はP.13で紹介！

2体並べるとひとつの絵になる！「いい夫婦の日」の特別紙朱印は社名印と社紋印の2種類です

［社紋印］墨書／櫻木神社、奉拝、下総國のだ　印／ずうっと一緒ね、社紋

［社名印］墨書／奉拝、櫻木神社、下総國のだ　印／櫻木神社之印、どんな時も鶴の夫婦のように

11月22日の「いい夫婦の日」に頒布される御朱印帳は1122冊限定。あわせて持ちたいトートバッグもあります！　※申込方法は事前に神社の公式サイトで確認を

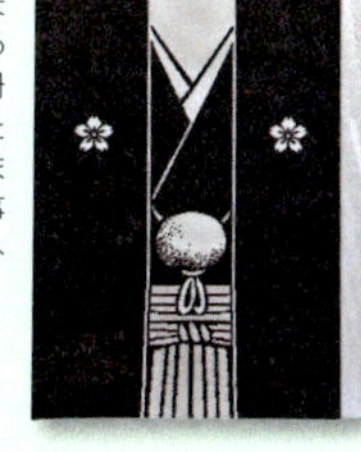

DATA
櫻木神社
創建／851（仁寿元）年
本殿様式／神明造
住所／千葉県野田市桜台210
電話／04-7121-0001
交通／東武野田線「野田市駅」から徒歩12分
閉開門時間／6:00～17:00
御朱印授与時間／9:00～16:00
URL http://sakuragi.info/

埼玉

九重神社【ここのえじんじゃ】

季節ごとに替わる御神木の御朱印

明治時代、安行村に祀られていた9つの村社を合祀、三十二柱の神々のパワーが頂けます。

江戸時代から村の鎮守として祀られてきた氷川神社に9つの村社を合祀したため、九重神社という名称になりました。御神木は樹齢500年以上というスダジイの大木。御神木の姿をかたどった「御神木御朱印」を頂いたら、心身がすっきりしたという参拝者の声があるそうです。御神木の精霊というかわいいキャラクター「スダじい」の印が押される月替わりの御朱印も人気。

ここが聖地POINT
御神木で元気をチャージ

社殿左手の裏には2本のスダジイが枝を伸ばし、葉を茂らせています。1本の幹回りは6.5mもあり、埼玉県内で最大の太さを誇ります

墨書／奉拝、九重神社御神木　印／九曜紋、九重神社、御神木、九重神社社々務所之印　●御朱印はジャバラ式御朱印帳にのみ押印。ひも綴じタイプ、ハードカバータイプの御朱印帳には押印していただけません

オリジナル御朱印帳は御神木をデザインした表紙。裏表紙には神紋である九曜紋がデザインされています（2000円）

主祭神／主な御利益
素戔嗚尊（すさのおのみこと）
安産、合格、良縁、商売繁盛など

9種コンプリートで黄金の御朱印を頂く

9種類の御神木御朱印を集めると、「黄金の御神木御朱印」が授与されます。

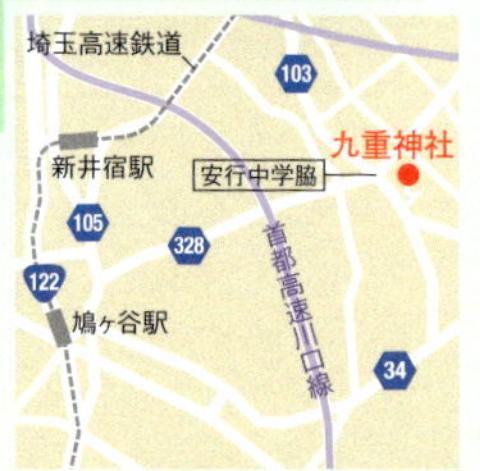

DATA
九重神社
創建／1716（享保元）年　本殿様式／銅板葺流造
住所／埼玉県川口市安行原2042
電話／048-298-1199（10:00～12:00、13:00～15:00）
交通／国際興行バス「峯八幡宮駅」から徒歩10分
参拝時間／自由
御朱印授与時間／10:00～12:00、13:00～15:00 ※祭典などで対応不可の日あり。ウェブサイトで確認を
URL http://kokonoejinja.jp

神社の方からのメッセージ
新暦9月9日に「重陽祭」を行います。9月9日は縁起のよい「9」が重なるおめでたい日とされます。この日を「九重詣」とし、参拝すると9つの村の神社三十二柱の御祭神のお力を授かれます。「九重詣御朱印」を頒布いたします。

境内地は平将門が砦を築いたという伝承があります。御神木の背後から御嶽山に登る小道が延びています。御嶽山は標高32mですが、安行では最も高い場所になります。頂上からは安行の町並みと筑波山や日光連山まで見渡すことができます。

栃木

大神神社【おおみわじんじゃ】

〟万能の神様〟があらゆる運気をアップ

約1800年前、第10代崇神天皇の皇子が創建したと伝わる格式高い古社です。

国府の設置にともない、下野国中の霊験あらたかな神々を集めて祀ったことから「惣社」と称される県内最古の神社。奈良最強のパワースポットとの呼び声高い奈良県桜井市の大神神社からの分祀で、主祭神は〟万能の神様〟といわれています。そのため、御利益は恋愛成就や厄除けをはじめ、病気平癒・受験合格などと幅広く、ありとあらゆる運気を一気に上げられそうです。

ここが聖地POINT
パワーツリーは必見！

鳥居をくぐると、根の部分でつながった夫婦杉が出迎えます。また、「日本最大の広葉杉（こうようざん）」も見もの。幹回り約6.5m、根回り約5.6mで、日本最大級の太さを誇ります。木の幹が上方で4本に分かれているのも希少です

池には境内8社を祀る小島があり「室の八嶋（むろのやしま）」と呼ばれています。平安時代から東国の〝歌枕〟としても知られ、人々を魅了し続けている神秘的なスポットです

主祭神／主な御利益

倭大物主櫛甕玉尊（やまとおおものぬしくしみかたまのみこと）

縁結び、家内安全、商売繁盛、病気平癒、厄除け、交通安全、受験合格など

御神木の夫婦杉からラブパワーを頂いたら、「絵馬」（700円）に良縁祈願を書いて奉納を

奉拝
大神神社
室之八嶋
令和二年 月 日

墨書／奉拝、大神神社、室之八嶋　印／延喜式内大神神社印　●御朱印は書き置きまたは直書きで対応していただけます。神主が不在の場合は、大平山神社（栃木市）で頂くことも可能です

DATA

大神神社

創建／崇神天皇の御代
本殿様式／流造
住所／栃木県栃木市惣社町477
電話／0282-27-6126
交通／東武宇都宮線「野州大塚駅」から徒歩15分
参拝時間／自由
御朱印授与時間／要事前連絡

神社の方からのメッセージ

毎年11月中旬～下旬には五穀豊穣や安産を祈願する「御鉾祭」を執り行います。境内に御仮屋を造り、新藁でくるんだ神鉾が本殿から出御して神職・座女（くるめさま）・氏子らとともに御仮屋に向かいます。ぜひご参拝ください。

境内の「室の八嶋」は藤原定家をはじめ多くの歌人の和歌に詠まれ、現在でも多くの俳人や歌人が訪れる名所。松尾芭蕉は『おくのほそ道』の旅の途中で立ち寄り、その神秘的で珍しい景観を詠んでいます。

茨城

素鵞神社
【そがじんじゃ】

知る人ぞ知るビジュアル系御朱印

クオリティの高すぎる限定御朱印（↓P.14）とご縁を求めて全国から参拝者がやってきます。

緩やかな坂を上った所にある境内は、自然と人の暮らしが調和した場所。「リラックスできる」と言う人がいる一方、「畏れ多くて写真が撮れない」と言う人もいるほどパワー渦巻くお社です。本殿に強い力がみなぎる陽神、境内社に見目麗しい女神である陰神を祀ります。二柱の夫婦神が力を合わせた御神徳は縁結びと和合。「結和（ゆわ）の神徳」と称されるパワーを頂いて。

主祭神／主な御利益

建速素戔嗚尊（たけはやすさのをのみこと）　櫛稲田姫命（くしなだひめのみこと）

縁結び、身体健全、厄除け、必勝など

ここが聖地POINT
参拝者を見守る御神木

御神木は2本。ケンポナシは幹がふた股に分かれた夫婦木で、果実を煎じると二日酔いに効果があるのだとか。樹齢500年以上のケヤキは樹高約35mの雄大な巨木です。どちらも小美玉市の天然記念物に指定されています

限定御朱印と御朱印帳はP.14・21で紹介！

墨書／奉拝、素鵞神社　印／常陸國小川、社紋、素鵞神社　●ほかにも御祭神や神獣、季節の花をモチーフにしたイラストがあしらわれた限定御朱印が大人気。オリジナルの書体で墨書していただけるレア物です

境内社・稲田姫神社の社殿の向拝（屋根の張り出した部分）には、御祭神にちなんだ美しい櫛の彫刻が彫られています。恋愛成就や夫婦円満を願うなら、こちらにお参りしましょう

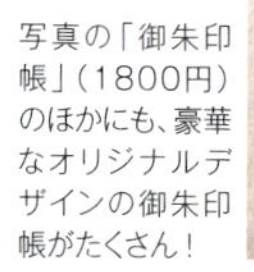

写真の「御朱印帳」（1800円）のほかにも、豪華なオリジナルデザインの御朱印帳がたくさん！

限定御朱印に描いていただけるイラストと同じデザインの台紙がすてきな「結和守（ゆわのまもり）」（各1000円）

DATA

素鵞神社

創建／1529（享禄2）年
本殿様式／神明造
住所／茨城県小美玉市小川1658-1
電話／0299-58-0846
交通／関東鉄道バス「小川中央」から徒歩5分
参拝時間／自由
御朱印授与時間／10:00〜16:00
URL https://www.sogajinja.com

神社の方からのメッセージ

イラスト入りの限定御朱印は地元の子供たちのために考案したのですが、多くの方に興味をもっていただき、大神様の御神縁に深謝するばかり。御朱印をきっかけに皆さんに神話や神道に関心をおもちいただけますように。

こちらでは境内社はもちろん、兼務社である大宮神社（行方市）、夜刀神社（行方市）、耳守神社（小美玉市）、百里神社（小美玉市）の御朱印を頂くことができます。御朱印を頂く前に、必ず各神社で参拝を。御朱印集めは神様に敬意を払って楽しみましょう。

栃木

賀蘇山神社【がそやまじんじゃ】

推定樹齢1800年という大杉の切株は必見！

深い森に囲まれ、清流を耳にしながら参拝を。商売繁盛をもたらす「黒ダルマ」が有名です。

「尾鑿山（おざくさん）」の名で親しまれる標高890mの山の麓にある神社。静寂な境内は神聖な空気に包まれています。山頂には磐座である「賀の岩」と「蘇の岩」があり、身体健全や医薬長寿の神として信仰されています。山頂直下の岩屋に祀られた奥社までは鎖やハシゴなどが設置された険しい山道を登るため、体力や時間と相談して。奥社まで行けない場合は、遥拝殿で参拝も可能です。

主祭神／主な御利益

天之御中主神（あめのみなかぬしのかみ）　月読命（つきよみのみこと）

武甕槌命（たけみかづちのみこと）

身体健全、社運隆昌、家内安全、開運、厄除けなど

森の聖地

ここが聖地POINT

歴史を感じる巨大な切株

境内には調査で日本最古と判定された大杉の切株があり、鹿沼市の天然記念物になっています。目通り14.8m、樹高70mの大木だったといわれますが、落雷や火災によって地上約2mから伐採されました。希少な巨木の生きた証を目に刻んでそのエネルギーを感じて

1701（元禄14）年に建造された、奥社を拝むための遥拝殿。総ケヤキ造で、龍や獅子などの彫刻が配されています。鹿沼市の指定有形文化財です

尾鑿山を姿・形に映し、御神威を受けた真っ黒のダルマ「御神威黒だるま」。"黒字ダルマ"として親しまれ、社運隆昌・商売繁盛をもたらしてくれます

墨書／奉拝、下野國尾鑿山、賀蘇山神社　印／尾鑿山、賀蘇山神社印　●通常版のほか、御神木参拝の記念としての御朱印もあります。下野国は現在の栃木県域を占める旧国名です

DATA

賀蘇山神社

創建／不詳 ※878（元慶2）年に従五位下の神階を授かる
本殿様式／流造
住所／栃木県鹿沼市入粟野尾鑿713
電話／0289-86-7717
交通／市営リーバス入粟野上五月線「尾ざく山神社」から徒歩2分、または東北自動車道「鹿沼IC」から車45分
参拝時間／8:00～日没
御朱印授与時間／8:00～日没 ※神職不在の場合は書き置きのみ

神社の方からのメッセージ

尾鑿山の麓、雄大な自然に包まれた場所に鎮座しています。近くにはグランピング施設が複数オープンしました。町の喧騒から離れ、自然を楽しみながらゆっくりご参拝ください。

奥社までは約3km、健康な大人の足でも1時間30分ほどかかります。かつて女性の入山が禁じられた時代もあったことから、遥拝殿が必要とされました。遥拝殿は三間四方の宝形造。日光東照宮の修復に携わった棟梁・彫工が60年の期間をかけて造営にあたりました。

栃木

下野星宮神社【しもつけほしのみやじんじゃ】

縁起のよい御柱に金運上昇&開運を願う

人々が背負う人生という星を守護する神社。金運上昇スポットとしても話題です。

主祭神／主な御利益

磐裂神（いわさくのかみ）　根裂神（ねさくのかみ）

経津主神（ふつぬしのかみ）

金運、厄除け、方位除け、開運など

ある日、境内の参道から金の土竜（モグラ）が出現。神社では縁起のよいこととして、モグラを「竜神」として祀ることになりました。こうしてできたのが、神社最大のパワースポット「あすなろ竜神御柱」です。御柱に祈願すれば諸願成就・金運上昇の御利益があるといわれています。また、鳥居に施された蛇のしめ縄に触ると金運&運気アップのパワーを授かれます。

ここが聖地POINT 御柱にひもを結んで願かけ

あすなろ竜神御柱では、竜に見立てた「叶えヒモ」（500円）を御柱に結び、願かけを行います。社務所で叶えヒモを頂いたら、縁起のいい御柱に金運上昇や諸願成就を願いましょう

限定御朱印と御朱印帳はP.13・21で紹介！

墨書／奉拝、星宮神社　印／星に右三つ巴紋、星宮神社、下野星宮神社社司印　●神社の四季の風景をイメージした四季限定御朱印。12～2月に頒布される冬バージョンです

12月下旬から節分頃まで行われる「行燈願掛け大鳥居」。大鳥居に一年間の願いを書き入れることができます

方位除け、運気上昇の力が込められた「星守」（800円）

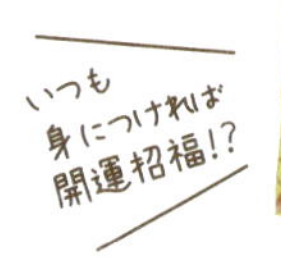

金のモグラがかわいらしい「金運モグラ守」（800円）。金運上昇の御利益が授かれます

いつも身につければ開運招福!?

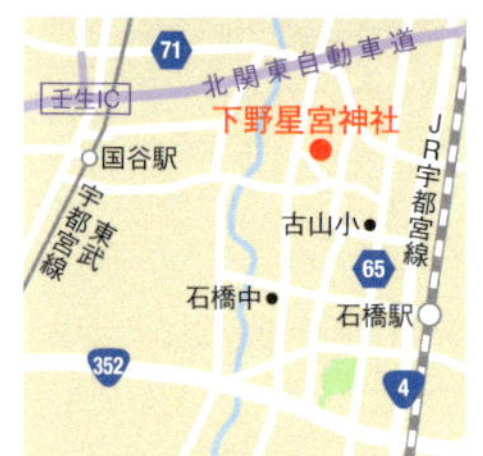

DATA
下野星宮神社
創建／807（大同2）年
本殿様式／流造
住所／栃木県下野市下古山1530
電話／0285-53-1706
交通／JR宇都宮線「石橋駅」または東武宇都宮線「国谷駅」から車9分
参拝時間／自由
御朱印授与時間／9:00～16:30
URL https://hoshinomiya-jinjya.com

神社の方からのメッセージ

当地開拓守護神として磐裂・根裂神を祀ったのが始まりです。その後、宇都宮公剛公の後裔児山三郎左エ門朝行守が当地に築城し、香取神宮より経津主神を勧請し合祀したとされています。厄除け・方位除けや開運の御利益も授かれます。

境内に突如現れた金のモグラについて、日本のモグラ研究の第一人者である川田伸一郎氏が調査を行ったところ、アルビノ（生まれつき色素が弱い）のモグラだったことが判明しました。国立博物館でアルビノのモグラのDNA検査を行ったのは初めてのことだったようです。

群馬

冠稲荷神社
【かんむりいなりじんじゃ】

ストーカーから守り、好きな人と結ばれる

源義経、新田義貞にゆかりのある神社です。二武将の「冠」にまつわる故事から名がつきました。

平安時代、新田氏の始祖の父である源義国の創建と伝えられます。主祭神は稲荷の神様・宇迦之御魂神ですが、末社・摂社を含め数多くの神様が祀られ、多岐にわたる御利益が期待できそう。シンボルでもある木瓜（ぼけ）の木のそばに実咲社（みさきしゃ）があり、縁結び、子宝などの願いを込めた白狐が並びます。また、悪縁を断ち切り良縁を導くストーカー除け祈願は、摂社の聖天宮へお参りしましょう。

主祭神／主な御利益
宇迦之御魂神（うかのみたまのかみ）
縁結び、厄除け、安産など

森の聖地

ここが聖地POINT
県指定天然記念物の木瓜

参拝者を見守る樹齢400年のパワーツリーです。開花期間は3月中旬から4月上旬。開花にあわせ「春の花まつり」、結実する秋（9月下旬～10月下旬）には「木瓜の実収穫祭」を開催

縁結び狐、子宝狐、安産狐、子育て狐、健康諸願成就の白狐の石像がずらりと並ぶ実咲社。絵馬に願いを書き、その祈願を伝えてくれる狐に奉納します

紅白の木瓜の花をあしらった御朱印帳。限定色や大きめサイズもあります

限定御朱印はP.15で紹介！

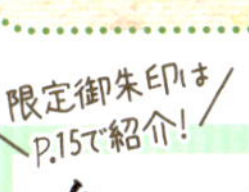

墨書／日本七社、冠稲荷神社　印／稲荷の宝珠紋、冠稲荷神社、上野国・日本七社・冠稲荷神社・参拝證　●御朱印の「日本七社」とは、冠稲荷神社のほかに伏見・豊川・信田・王子・妻恋・田沼稲荷を指します

実咲社の白狐が付いた縁結びのお守り「実咲守」

DATA
冠稲荷神社
創建／1125（天治2）年
本殿様式／三間社流造
住所／群馬県太田市細谷町1
電話／0276-32-2500
交通／東武伊勢崎線「細谷駅」から徒歩20分
参拝時間／自由
御朱印授与時間／変動あり（公式ウェブサイトで要確認）
URL https://kanmuri.com

神社の方からのメッセージ
御朱印の直書きは日時が限られているためウェブサイトなどで事前に確認をお願いします。また、ブログや公式インスタグラム@kanmuriinariで日々のできごとをアップしていますのでぜひチェックしてください。

毎月15日（いい〈1〉ご〈5〉縁の日）は8:30～「縁結び幸福祈願祭」を開催。良縁や幸福、健康などを祈願してもらえます。希望者には参列者限定の記念御朱印も授与されます。詳しくはウェブサイトをチェック！

埼玉

古墳頂上に鎮座する古社

前玉神社【さきたまじんじゃ】

古くは「幸魂神社」と呼ばれ、これが埼玉県の名前の由来とされています。御祭神は人々を幸福へ導く「幸魂結び」を授けてくれる男女のカップル。恋愛成就や夫婦円満に御神徳があります。御朱印を頂きに社務所に行くと、人懐っこい猫たちがお出迎え。猫をモチーフにした御朱印や授与品が各種揃っています。

主祭神 / 主な御利益

さきたまひこのみこと 前玉彦命　さきたまひめのみこと 前玉姫命

縁結び、金運、健康運など

限定御朱印と御朱印帳はP.15・22で紹介！

墨書／奉拝、延喜式内、前玉神社　印／武蔵国前玉、前玉神社、幸魂　●季節や祭礼の限定御朱印もあります。キュートな猫シリーズ御朱印はファン多数！

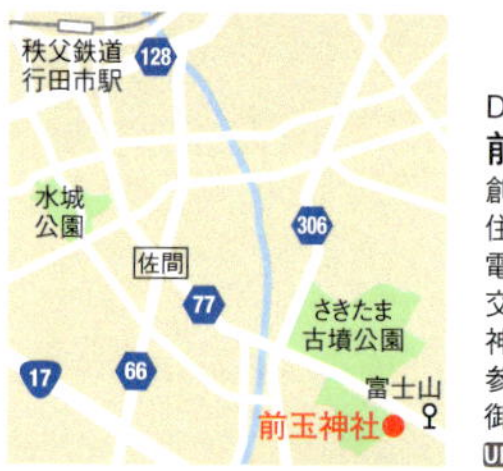

毎年5月の「さきたま火祭り」では境内で御神火の採火が行われます

七福神に扮した7匹の猫がかわいい「幸福七福御守」（800円）

ここが聖地POINT

9基の大型古墳が並ぶ埼玉古墳群に隣接。浅間塚古墳の上に立つ神社は、太古のパワーがみなぎっています

DATA
前玉神社
創建／古墳時代　本殿様式／権現造
住所／埼玉県行田市埼玉宮前5450
電話／048-559-0464
交通／行田市市内循環バス「前玉神社」「埼玉古墳公園」から徒歩3分
参拝時間／自由
御朱印授与時間／9:00～16:00
URL http://sakitama-jinja.com

千葉

夫婦神が良縁結びをサポート

大原神社【おおはらじんじゃ】

平安時代の創建時から今日まで、周辺地域の多くの神様を合祀してきました。その間にたくさんのご縁を結んできたこと、男女二柱の神様を祀ることから、ご縁結びの神社として広く親しまれています。御利益は縁結びだけでなく延命長寿もあらたかで、「お参りしたら病気の進行を抑えられた」といった声が届くそうです。

主祭神 / 主な御利益

いざなぎのみこと 伊邪那岐命　いざなみのみこと 伊邪那美命
さるたひこのみこと 猿田彦命

縁結び、病気平癒など

限定御朱印はP.12で紹介！

墨書／奉拝、大原神社　印／添え印、大原神社之印、ご縁結びの杜、結びの神社　●月ごとにモチーフの替わる直書き御朱印

結婚祝いや年祝いの夫婦への贈り物として人気の「幸結び守」（1200円）

逆境を乗り越える力を授ける「大丈夫守り」や「八方除け守り」（各800円）

ここが聖地POINT

境内中央に位置する御神木「夫婦タブノキ」からパワーを頂けます。習志野市銘木百選に選定されています

DATA
大原神社
創建／1124（天治元）年
本殿様式／流造
住所／千葉県習志野市実籾1-30-1
電話／047-472-8424
交通／京成本線「実籾駅」から徒歩6分
参拝時間／自由
御朱印授与時間／10:00～期日により変動あり　※窓口の閉鎖日や神職不在の場合あり、公式ウェブサイト要確認
URL https://ohara-jinja.com

桜と紅葉が見事な名刹

千葉

東漸寺【とうぜんじ】

総門から参道を歩くと楼門造りの山門、その先に中雀門が見えます。開創は1481（文明13）年です。60年後に現在地に移されて広大な境内を有する大寺となり、本堂、方丈、学寮など、二十数カ所の堂宇が立ち並ぶほどに。その後、廃仏毀釈などで荒廃しましたが、昭和40年代より復興が進み、現在の堂宇が揃いました。

御朱印帳はP.23で紹介！

墨書／奉拝、南無阿弥陀佛、佛法山東漸寺　印／摂化十方、関東十八檀林、葵の紋、佛法山一乗院東漸寺　●徳川家の擁護を受けていたことから葵の紋を押印

ピンク、黄色、水色の3色が揃う御朱印帳「もみじと本堂」（1700円）

御本尊
阿弥陀如来（あみだにょらい）

DATA
東漸寺
山号／佛法山
宗旨／浄土宗
住所／千葉県松戸市小金359
電話／047-345-1517
交通／JR常磐線「北小金駅」から徒歩6分
拝観時間／自由
御朱印授与時間／9:00～16:30
拝観料／無料
URL http://tozenji.sakura.ne.jp

ここが聖地POINT
4月25～27日は法然上人の命日を供養する「御忌まつり」を斎行。露店が立ち、境内は活気にあふれます。12月上旬になると木々が燃えるように赤く色づく紅葉の名所としても知られています

増上寺裏の塔頭寺院

東京

宝珠院【ほうしゅいん】

東京タワーにほど近い、芝公園内に位置します。港区指定文化財の閻魔大王は高さ2mの寄木造、1685（貞享2）年の作と伝わります。「港七福神めぐり」のひとつでもある弁財天像は859（貞観元）年、円珍作とされます。源頼朝、北条家へと伝わり、その後、徳川家康公が信仰し、開運出世大弁財天と名づけたとされます。

限定御朱印はP.18で紹介！

墨書／奉拝、阿弥陀如来、宝珠院　印／三縁山、阿弥陀如来を表す梵字キリークの印、芝公園宝珠院　●秘仏弁財天の御開帳は毎年4月15～17日に行われます

昭和初期の宝珠院の弁天池を描いた川瀬巴水（はすい）の作品

本堂には阿弥陀如来像を安置。江戸時代初期の作とされます

御本尊
阿弥陀如来（あみだにょらい）

DATA
宝珠院
山号／三縁山　宗旨／浄土宗
住所／東京都港区芝公園4-8-55
電話／03-3431-0987
交通／都営大江戸線「赤羽橋駅」から徒歩5分、または都営三田線「芝公園駅」から徒歩7分
拝観時間・御朱印授与時間／9:00～17:00
拝観料／無料
URL https://hoshuin.jp

ここが聖地POINT
寺のある港区立芝公園は日本で最初の公園として指定されました。クスノキ、ケヤキ、イチョウなどの大木が生い茂る都会のなかのオアシス。東京タワーが望めるのもポイントです

東京

明治神宮【めいじじんぐう】

縁結び&結婚祈願なら参拝必至

境内全体がパワースポットとされるなか夫婦楠は縁結びに御利益絶大との定評あり！

全国から奉納された樹木によって誕生した神宮の森は、都会のグリーンゾーン。生命力あふれる樹木のパワーに満ちたエリアです。なかでも拝殿前に2本並んで枝を広げる御神木「夫婦楠」は、絶対見逃してはいけないスポット。拝殿で参拝後、夫婦楠の背後から再度参拝すると良縁に恵まれ、好きな人と結ばれるとのクチコミが続々と寄せられています。

主祭神／主な御利益

明治天皇（めいじてんのう）　昭憲皇太后（しょうけんこうたいごう）

縁結び、国家安泰、皇室繁栄など

ここが聖地POINT

70万㎡の広大な神宮の森には、2840種の動植物が生息しています。豊かな森はベンチも多くゆっくり散策できます

150種のハナショウブが花開く御苑

明治天皇が皇后の昭憲皇太后のために植えさせたハナショウブ150種1500株が、6月上旬に花を咲かせます。菖蒲田の水源になっている清正井（きよまさのいど）は、都会では珍しい湧水の井戸です。日本屈指のパワースポットとして有名で、加藤清正が自ら掘ったという伝説が残っています。

墨書／奉拝、明治神宮　印／皇紀 年（神武天皇の即位から数えた年号）、菊と五三桐の社紋、明治神宮　●社紋の菊の花びらの数は12枚。これは皇室の紋章と同じ16枚にするのを遠慮したためだそうです

朱印帳

御朱印帳（1500円、御朱印含む）は開くと御祭神名とおもな祭典日が書いてあります

「心身健全守（平型）」（各1000円）はかばんやお財布の中に入れやすいサイズ

優美な宝物殿は国の重要文化財に指定されています。2019年秋に御祭神ゆかりの御宝物を展示する「明治神宮ミュージアム」がオープンしました

※宝物殿は期間を限定して公開。公開期間については公式サイトなどで確認を

DATA

明治神宮

創建／1920（大正9）年
本殿様式／流造
住所／東京都渋谷区代々木神園町1-1
電話／03-3379-5511
交通／JR山手線「原宿駅」「代々木駅」、東京メトロ「明治神宮前駅」「北参道駅」、小田急線「参宮橋駅」下車
参拝時間／日の出～日没（時間は毎月異なる）
御朱印授与時間／9:00～閉門まで
参拝料／無料（御苑は維持協力金500円）
URL https://www.meijijingu.or.jp

神社の方からのメッセージ

明治神宮では年に一度、秋に「人形感謝祭」を行っています。この祭典は皆さんがお持ちになった人形を神職がお祓いし、お納めする祭事です。祭典では巫女による厳かな神楽「浦安の舞」が奉納されます。

宝物殿に向かう途中の芝生の広場に北池があり、近くに亀の形をした大きな岩があります。長寿や健康の象徴である亀は縁起がよいとして、「ありがたいパワーを頂ける」と注目されています。参拝後に足を延ばして立ち寄ってみましょう。

神奈川

平塚八幡宮

【ひらつかはちまんぐう】

勝運から商売繁盛まで御利益たっぷり！

古代、大地震からの復興、平穏を祈願して創建。源頼朝や徳川家康公ら歴史上の人物も信仰しました。

境内は樹木が茂り、林のなかに社殿があるかのようです。この木々は「かながわの美林50選」に選ばれています。一の鳥居をくぐると、ふたつの小さな池が見えてきます。右手の池には、五穀豊穣・商売繁盛の神様の鶴峯山（つるみねやま）稲荷が、西の池には平塚弁財天が祀られています。弁天様は金運・芸能・美容に関するお願いごとをかなえてくれます。

森の聖地

ここが聖地POINT 御神木に大願成就を願う

境内に立つすべての樹木が御神木です。特に手水舎近くにある御神木の干支の方角におみくじを結び付けて願掛けすれば、願いごとがかなうといわれています

主祭神／主な御利益

応神天皇（おうじんてんのう）　神功皇后（じんぐうこうごう）

武内宿禰（たけうちのすくね）

勝運、商売繁盛、金運など

本殿に向かって右に並ぶ末社の三社。左から出世・商売繁盛の神様「神明社」、子育て・子供の守り神「若宮社」、開運・交通安全の神様「諏訪社」です

ご縁があって奉納された神馬の「皐月」と「東風」

有名な平塚の七夕まつりにちなんだ「七夕御守」（700円）

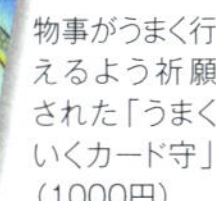

物事がうまく行えるよう祈願された「うまくいくカード守」（1000円）

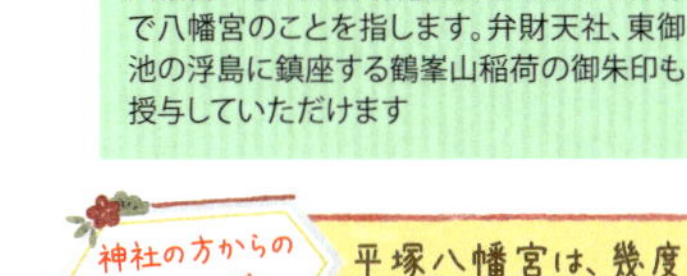

墨書／鎮地大神　印／相州平塚鎮座、平塚八幡宮　●「鎮地大神」とは地を鎮める神様で八幡宮のことを指します。弁財天社、東御池の浮島に鎮座する鶴峯山稲荷の御朱印も授与していただけます

郵便局　江陽中　平塚市役所　●平塚八幡宮　崇善小　東海道　宮の前　ローソン　交番　JR東海道本線　平塚駅

DATA

平塚八幡宮

創建／380（仁徳天皇68）年

本殿様式／流造

住所／神奈川県平塚市浅間町1-6

電話／0463-23-3315

交通／JR東海道本線「平塚駅」から徒歩8分

参拝時間／自由

御朱印授与時間／9:00～17:00

URL http://www.hachiman.org/

神社の方からのメッセージ

平塚八幡宮は、幾度となく見舞われた震災にもめげず、復興を果たしてきた地域の方々の心の拠りどころです。境内に流れる神聖な空気とともに、人と人とのご縁、そのあたたかさを感じに足をお運びください。

境内には浄銭池があり、龍の口から滝のように水が流れ落ちています。池の畔にはザルがあり、この水でお金を清めると金運がアップするとされます。毎年、9月中旬には「ぼんぼりまつり」が行われ、300点のぼんぼりが境内を彩ります。

神奈川

報徳二宮神社

【ほうとくにのみやじんじゃ】

仕事も学業も「努力の人」にあやかる

藩の財政再建を成し遂げた二宮尊徳翁を祀ります。事業やビジネスの成功を願う人は参拝マスト！

「財政再建の神」として祀られているのは、二宮尊徳翁。若くして両親を亡くし、天災や困難のなか、独学で勉強に励み財を築きました。薪を背負いながら学ぶ子供の頃の姿があまりにも有名です。境内にももちろん、その二宮金次郎像が立っています。幅広い御利益があり、多くの参拝者が訪れる神社。商売繁盛や学業成就を願う方はもちろん、目標に向かってがんばりたい人にも、大きなパワーを与えてくれそうです。

参拝後はのんびり境内散策

小田原城内にあるため、イベントに合わせての参拝もおすすめ。境内には"薪を背負って歩きながら本を読む"二宮金次郎像のほか、成年像もあります。御朱印、授与品は社殿手前の授与所で頂きましょう。授与所では神池の錦鯉用の餌も購入できます（冬季除く）。

主祭神／主な御利益

にのみやそんとくおう（にのみやきんじろう）

二宮尊徳翁（二宮金次郎）

仕事・学業成就、災難厄除け、交通安全など

ここが聖地POINT

神社のある小田原城址公園には、市内最大のイヌマキの巨木があります。迫力あるねじれた幹から力強いパワーを頂けるはず

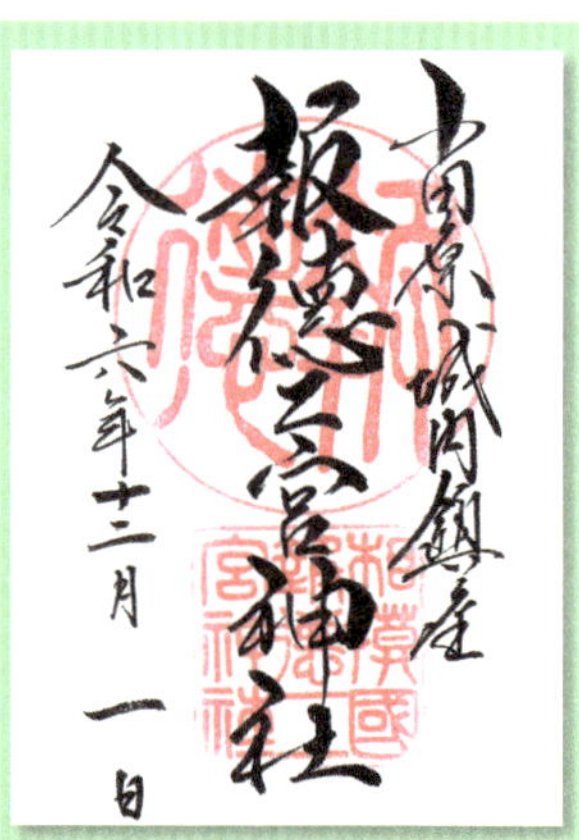

墨書／小田原城内鎮座、報徳二宮神社　印／報徳、相模國報徳二宮神社　●神社名の「報徳」とは「報徳思想」のこと。私利私欲に走るのではなく、社会に貢献すればいずれ自らに還元されるという考え方です

伝統的な文様や絵柄を使いながらモダンなデザインのオリジナル御朱印帳（赤・青 各2200円）

相模國 報徳二宮神社
二宮先生御肖像

裃姿に刀を差した、凛々しい肖像画入り「二宮尊徳絵馬」（1000円）

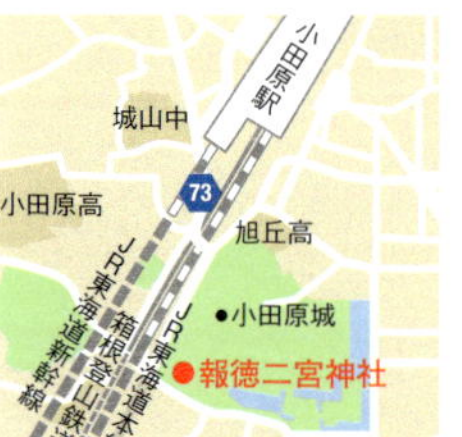

DATA

報徳二宮神社

創建／1894（明治27）年
本殿様式／神明造
住所／神奈川県小田原市城内8-10（小田原城址公園内）
電話／0465-22-2250
交通／JR・小田急小田原線・箱根登山鉄道・伊豆箱根鉄道大雄山線「小田原駅」から徒歩15分
参拝時間／9:00頃～17:00（閉門18:00・冬季17:00）
御朱印授与時間／9:00～16:00
URL https://www.ninomiya.or.jp

神社の方からのメッセージ

疲弊した農村を復興した二宮尊徳翁が説いた「報徳思想」。関連する多くの資料、遺品、文化財などとともに、人づくり、国づくりの思想など、その業績をまとめて伝える「報徳博物館」にもぜひお越しください。

境内にある「杜のひろば」内には、江戸時代に金次郎が食していた「呉汁（ごじる）」などが味わえる「きんじろうカフェ」が。「Café小田原柑橘倶楽部」では、地域振興サイダーはもちろん、地元の柑橘や野菜などを使ったオリジナルメニューを楽しめます。

Part 4
第三章
町の聖地
古来、それぞれの土地で敬われ、
親しまれてきた神様・仏様をお訪ねすることで、
その町の歴史や人々の暮らしが
垣間見られます。
古くから続く儀式・祭礼には、
さまざまな土地の習わしが込められています。
地元の人たちが大切にしてきた神仏から
大いなる力を授かりましょう。

駅周辺に御利益スポットが集中！
幸運を引き寄せる！ 鎌倉ぶらり町歩き

神奈川 日帰りプラン

葛原岡神社（P.114）
銭洗弁財天 宇賀福神社（P.115）
佐助稲荷神社（P.115）
源氏山公園
鶴岡八幡宮
八幡宮前
JR横須賀線
21
長谷大谷戸
佐助1
鎌倉駅
鎌倉市役所
鎌倉大仏
32
高徳院（P.116）
八雲神社（P.116）
長谷寺（P.117）
江ノ島電鉄
長谷観音前
311
和田塚駅
由比ヶ浜駅
長谷駅
由比ヶ浜
滑川
N
0 500m

見どころや食べ歩きグルメが豊富な古都鎌倉は、実はパワースポットの宝庫。「鎌倉の大仏」やアジサイの名所、金運アップの聖地など、鎌倉に行ったら絶対訪れるべき寺社を1日でめぐる最強のモデルプランを紹介します。

主祭神
日野俊基卿（ひのとしもときょう）

五円に結ばれた赤い糸で
良縁をガッチリつかむ

葛原岡神社（くずはらおかじんじゃ）

社殿は源氏山の頂上付近に立ちます。神社までは急勾配の上り坂が続きますが、周囲は野鳥の声が聞こえる緑の森。清涼な空気を吸い込みながら散策を楽しみましょう。御祭神は後醍醐天皇の優秀な側近として活躍した公家。「開運の神様」「学問の神様」として崇敬されています。一方で、女性たちの間では良縁祈願のスポットとしても有名です。縁結びの神様として知られる大国主大神（おおくにぬしのおおかみ）の御霊を迎えた「縁結びの石」からエネルギーを頂きましょう。

「縁結びの石」に運命の赤い糸を結ぶ

社務所で縁結びのお守り（1000円～）を授かると、赤い糸を結んだ五円玉を頂けます。願いを込めて「縁結び石」に糸を結び、良縁をゲット！

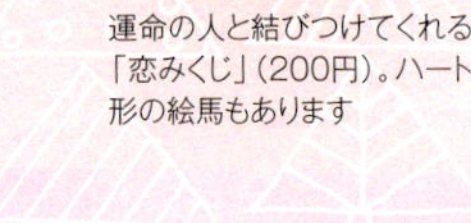

運命の人と結びつけてくれる「恋みくじ」（200円）。ハート形の絵馬もあります

墨書／奉拝、葛原岡神社　印／鶴丸紋、葛原岡神社印　●右上の印はツルをモチーフにした日野俊基卿の家紋。枚数限定の切り絵御朱印もあります

＼合鎚稲荷社／

墨書／奉拝、合鎚稲荷社　印／合鎚、刀、キツネ　●お稲荷様を祀る境内社の御朱印。鎌倉時代の刀匠に縁があることから中央に刀の印が押されます

＼大黒様／

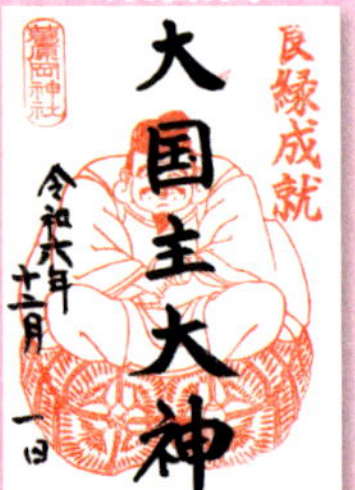

墨書／大国主大神　印／良縁成就、大黒様、葛原岡神社　●すべての人間関係の源である良縁を結ぶ大黒様の姿が押印されるありがたい御朱印

＼恵比寿様／

墨書／恵比須大神　印／福徳円満、恵比寿様、葛原岡神社　●あらゆるものを繁栄に導く福徳円満の神・恵比寿様の御神徳を感じる御朱印です

DATA
葛原岡神社
創建／1887（明治20）年
本殿様式／神明造
住所／神奈川県鎌倉市梶原5-9-1
電話／0467-45-9002
交通／JR横須賀線・江ノ島電鉄「鎌倉駅」から徒歩30分
参拝時間／自由
御朱印授与時間／8:30～16:30
URL http://www.kuzuharaoka.jp

日帰りプラン

9:00 JR「鎌倉駅」 ← 徒歩30分 ← 9:30 葛原岡神社（滞在約30分） ← 徒歩6分 ← 10:10 銭洗弁財天宇賀福神社（滞在約35分） ← 徒歩15分 ← 11:00 佐助稲荷神社（滞在約35分） ← 徒歩25分 ← 12:00 鎌倉駅でランチ（滞在約1時間） ← 徒歩10分 ← 13:10 八雲神社（滞在約40分） ← 徒歩10分 ← 14:00 江ノ島電鉄「鎌倉駅」 ← 電車5分 ← 14:05 江ノ島電鉄「長谷駅」 ← 徒歩5分 ← 14:10 高徳院（滞在約30分）

洞窟に湧く霊水で
福を呼び込む

銭洗弁財天宇賀福神社（ぜにあらいべんざいてんうがふくじんじゃ）

主祭神
市杵島姫神（いちきしまひめのみこと）

金運の御利益を願うなら奥宮の洞窟へ。「この地で湧き出る水を神仏にささげれば天下泰平の世が訪れる」という神のお告げを受け、源頼朝が見つけた霊水が湧いています。その後、鎌倉幕府第5代執権の北条時頼が霊水で銭を洗って一族の繁栄を祈ったことが転じて、お金を湧き水で洗うと増えるという信仰が生まれたのだとか。

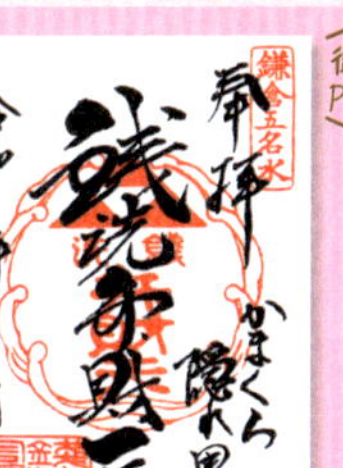

御朱印帳はP.21で紹介！

墨書／奉拝、かまくら隠れ里、銭洗辨財天　印／鎌倉五名水、北条鱗紋、銭洗辨財天宇賀福神社　●北条鱗紋は北条氏の家紋。神社と北条氏にゆかりがあることを示します

「幸運の銭亀」（1200円）。大切なものと一緒に保管して開運招福！

DATA
銭洗弁財天宇賀福神社
創建／1185（文治元）年
本殿様式／流造
住所／神奈川県鎌倉市佐助2-25-16
電話／0467-25-1081
交通／JR横須賀線・江ノ島電鉄「鎌倉駅」から徒歩20分
参拝時間／自由
御朱印授与時間／8:00～16:00

お金を洗って金運アップ！ 
洞窟に湧く霊水「銭洗水（ぜにあらいみず）」は鎌倉五名水のひとつ。ザルにお金を入れて清めると金運上昇の御利益があるといわれています。洗ったお金は「いざ！」というタイミングで使いましょう。

鎌倉の隠れ里で
開運力をチャージ！

佐助稲荷神社（さすけいなりじんじゃ）

主祭神
宇迦御魂命（うかのみたまのみこと）

真っ赤な鳥居が並ぶ参道の先にある社殿は樹木に覆われ、まるで山の奥深くにいるようです。苔むした祠にお狐様の石像が並び、霊狐泉（れいこせん）という水が湧く境内は、畏れ多い神域という雰囲気。平家を打倒し、征夷大将軍にまでのぼりつめた源頼朝を助けた神霊を祀ることから、別名「出世稲荷」と呼ばれあがめられています。

霊狐の神水は生命の源
佐助稲荷は麓の田畑を潤す水源の地。境内の片隅から絶えることなく湧く水は「霊狐泉」と名づけられ、大切にされています。

陶器の白狐像（2500～4000円）に願いを込めて奉納します

墨書／奉拝、かまくらかくれ里、佐助稲荷神社　印／宝珠に佐助稲荷神社之印、鎌倉佐助稲荷神社印　●神霊が頼朝に「かくれ里の稲荷」と語ったことに由来します

DATA
佐助稲荷神社
創建／1190～1199年（建久年間）
拝殿様式／流造　※本殿は2019年の台風で倒壊
住所／神奈川県鎌倉市佐助2-22-12
電話／0467-22-4711
交通／JR横須賀線・江ノ島電鉄「鎌倉駅」から徒歩20分
参拝時間／自由
御朱印授与時間／9:00～16:30
URL https://sasukeinari.jp

14:50 長谷寺（徒歩10分／滞在約1時間）← 徒歩5分 ← 15:55 江ノ島電鉄「長谷駅」

※電車の時刻は変更の可能性あり

主祭神
すさのおのみこと
須佐之男命
いなだひめのみこと
稲田姫命
はちおうじのみこと
八王子命
さたけしのみたま
佐竹氏御霊

地元住民に愛される
鎌倉最古の厄除け神社

八雲神社（やくもじんじゃ）

住宅街を歩くと、入口に「厄除け」と書かれた赤い幟が並んでいるのですぐわかります。境内は樹木が茂り、正面に社殿が静かにたたずんでいます。平安時代、源義家の弟である義光が悪疫退散を祈願して京都の祇園社を勧請したことが始まり。周辺の住民は「祇園様」として信仰しています。強力な厄除けパワーが満ちる神社です。

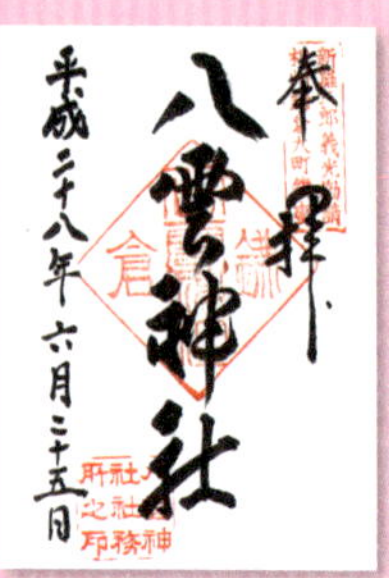

墨書／奉拝、八雲神社　印／新羅三郎義光勧請相州鎌倉大町鎮座、八雲神社・鎌倉、八雲神社社務所之印　●新羅三郎義光とは源義光のことです

社殿の前にある天水盤は、1964（昭和39）年東京オリンピックの聖火台を鋳造した鈴木文吾が制作

DATA
八雲神社
創建／1081～1084年（永保年間）頃
本殿様式／流権現造
住所／神奈川県鎌倉市大町1-11-22
電話／0467-22-3347
交通／JR横須賀線・江ノ島電鉄「鎌倉駅」から徒歩10分
参拝時間／自由
御朱印授与時間／9:00～16:00

御神木と手玉石

堂々としたたたずまいの御神木の根元にあるのは「新羅三郎手玉石」。文武に優れた義光の象徴といわれる大きな石です。そっとなでてパワーを頂いて。

御本尊
あみだにょらい
阿弥陀如来

凛々しい「鎌倉大仏」は
鎌倉のシンボル

髙徳院（こうとくいん）

祀られているのは総高13.35m、重量約121tの阿弥陀如来坐像。13世紀に僧浄光が民間から集めた資金を用いて木造の大仏像が完成しましたが、その後、現在見られる青銅製の大仏像が造立されました。同時期に大仏を覆う大仏殿も建てられたものの、15世紀に大地震と津波で倒壊したと考えられており、以降は露座のまま安置されています。

鎌倉市唯一の国宝仏像

阿弥陀如来坐像は与謝野晶子が「美男におはす」と詠んだイケメン大仏。内部は空洞になっていて、側面から胎内に入ると、銅の継ぎ目や補強を施した形跡など、さまざまな鋳造のあとを間近で見学することができます

DATA
髙徳院
山号／大異山
宗旨／浄土宗
住所／神奈川県鎌倉市長谷4-2-28
電話／0467-22-0703
交通／江ノ島電鉄「長谷駅」から徒歩10分
拝観時間／8:00～17:15（10～3月～16:45）
御朱印授与時間／9:00～15:00
※変動の場合あり
拝観料／300円
URL https://www.kotoku-in.jp

表紙一面に大仏像が描かれたオリジナル御朱印帳（1500円）

内部に安置された一対の仁王像とともに、18世紀初頭に移築されたと伝わる仁王門

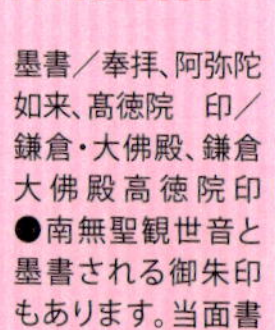

墨書／奉拝、阿弥陀如来、髙徳院　印／鎌倉・大佛殿、鎌倉大佛殿髙徳院印　●南無聖観世音と墨書される御朱印もあります。当面書き置きでの授与

御本尊は黄金色に輝く国内最大級の観音様

長谷寺（はせでら）

御本尊
十一面観世音菩薩（じゅういちめんかんぜおんぼさつ）

境内に入ると、目の前に広がる池の周囲には色鮮やかな季節の花々が咲き誇ります。美しい境内は「鎌倉の西方極楽浄土」とも呼ばれ、四季折々の彩りで訪れる人々の心を和ませています。梅雨時期にはアジサイの名所としても知られており、40種類以上、約2500株のアジサイを楽しむことができます。寺の歴史は古く、開創は736（天平8）年と伝わります。御本尊が安置されている観音堂は、石段を上った上境内。堂内には木造として国内最大級を誇る高さ9・18mの観音像がそびえ、威厳と迫力に満ちた姿に誰もが圧倒されます。

長谷寺の御本尊、十一面観世音菩薩立像は、右手に錫杖、左手に水瓶を持ち、岩座に立つ独特の像容です。通称「長谷観音」

観音堂の隣にあり、源頼朝が42歳の厄除けのために建立したと伝えられる阿弥陀如来座像が祀られています

弘法大師がこもって修行したと伝わる場所。壁面に彫られているのは、弁財天とその眷属（けんぞく）である十六童子です

観音堂左手にある経蔵の内部には輪蔵（りんぞう）と呼ばれる回転式の書架があり、経典が納められています

悪いことが起こりそうなときは身代わりになって割れてくれるという手作りの土鈴「身代わり鈴」（800円）

「十一面守」（1000円）。長谷寺の紋である逆さ卍が織り込まれています

いちごを数字にすると一と五で十五（じゅうご）。「十分によい五（ご）利益にめぐまれる」よう祈祷された「願い叶う守り」（700円）

寺宝の展示のほか、観音菩薩の教えを解説する展示が見られる「観音ミュージアム」

墨書／海光山、十一面大悲殿、長谷寺　印／鎌倉観世音第四番、鎌倉・長谷・観世音、長谷寺印　●1・4～6月は紙朱印（書き置き）のみの授与となります

DATA
長谷寺
山号／海光山
宗旨／浄土宗系単立
住所／神奈川県鎌倉市長谷3-11-2
電話／0467-22-6300
交通／江ノ島電鉄「長谷駅」から徒歩5分
拝観時間／8:00～16:30（4～6月～17:00）
御朱印授与時間／8:00～16:00
拝観料／400円
URL https://www.hasedera.jp

境内から鎌倉の海を望む

見晴らし台に行くと、鎌倉の海と町を一望。きらきらと輝く青い海の眺望を楽しんで。天気のよい日は、三浦半島や伊豆大島を望むことができます

埼玉

川越氷川神社【かわごえひかわじんじゃ】

全国から良縁成就を願う女性が訪れる

運命の赤い糸はきっとある！婚活をがんばる女子たちが絶大な信頼を寄せる川越の総鎮守です。

約1500年前、古墳時代に創建されたと伝わる古社。縁結びの御利益で有名な理由は、神社が祀る神様にあります。五柱の神々は家族であるとともに、ふた組の夫婦神が含まれていることから、「家庭円満の神様」「夫婦円満・縁結びの神様」としてあがめられているのです。神社では新たな出会いを応援する「であいこい守り」や、恋人との絆を深める「よりそい守り」など、恋愛への御利益抜群と評判のお守りを多数頒布しています。なかでも人気のお守り「縁結び玉」は、願いがかなない、お礼に石を返しに来るカップルがあとを絶たないそう。

主祭神 / 主な御利益

素盞嗚尊（すさのおのみこと）　奇稲田姫命（くしいなだひめのみこと）
大己貴命（おおなむちのみこと）　脚摩乳命（あしなづちのみこと）　手摩乳命（てなづちのみこと）

縁結び、家庭円満、安産、厄除けなど

ここが聖地POINT

月2回の良縁祈願祭

縁起のよい末広がりにちなみ、毎月8日と第4土曜の月2回、8:08から神前で御祈祷が受けられる「良縁祈願祭」を斎行します。参列希望の場合は7:50までに社務所で受付を済ませましょう。多いときは400人もの参列者が訪れます

参拝者の願いが集まった絵馬トンネル

本殿に向かって左側にあるトンネル状の参道に3万枚を超える絵馬が奉納されています。縁結びの絵馬に願いを書いて、ぜひ結んでいきましょう。

神社の方からのメッセージ

「縁結び玉」は身を清めた巫女がひろい集めた小石を麻の網に包み、毎朝神職がお祓いしたものです。生涯の伴侶とめぐり合いましたら、おふたりで神社へお戻しください。代わりに特別なお守りを差し上げます。

運命のふたりは生まれたときから小指と小指が赤い糸で結ばれている……そんな言い伝えにちなんで、川越氷川神社で結婚式を執り行う際は、指輪交換の代わりに赤い水引で編んだ「結い紐」を互いの左手小指に結び合う独自の儀式を行います。

一緒に行きたい
立ち寄りスポット

多彩な表情の羅漢様
川越大師 喜多院

1200年近い歴史をもつ寺院。江戸城紅葉山（皇居）の別殿を移築した客殿は「徳川家光公誕生の間」と呼ばれる国指定重要文化財。観光名所としても人気の五百羅漢は日本三大羅漢のひとつに数えられています。

DATA
住所／埼玉県川越市小仙波町1-20-1
電話／049-222-0859
交通／東武東上線・JR「川越駅」から徒歩20分
拝観時間／9:00〜16:00（受付〜15:30）
※時期により変動あり
拝観料／大人400円
URL https://kitain.net

レトロな蔵造りカフェ
川越アートカフェ エレバート

大正時代に建てられた川越最古の洋風建築で、市の指定文化財です。厳選されたコーヒーはもちろん、川越の地ビール「COEDOビール」（税込900円〜）を味わえます。「自家製さつまいもプリン」（550円）なども人気。

DATA
住所／埼玉県川越市仲町6-4
電話／049-222-0241
交通／西武新宿線「本川越駅」から徒歩10分、または東武バス「仲町」から徒歩1分
営業時間／11:30〜18:00（17:30LO）
休み／水曜、第3木曜
URL https://kawagoeartkafeerebato.gorp.jp

墨書／奉拝、川越総鎮守、氷川神社　印／雲菱（くもびし）紋、川越市鎮守氷川神社之印、川越氷川神社之印
●社紋は菱形の中に雲を描いた「雲菱」です。"奉"と"拝"の間に目立つように押されています

境内裏手に寄り添うように並ぶ2本のケヤキ。樹齢600年と推定される御神木です。8の字を描くように周囲を歩くとパワーを頂けるといわれています

12ヵ月を12種類の色と「結び」で表した御朱印帳（各1500円）。モチーフは毎月頒布されるお守り「まもり結び」です。自分や大切な人の誕生月の御朱印帳を選ぶのもおすすめ

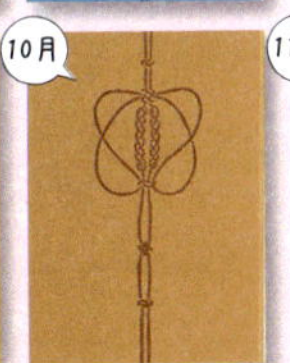

DATA
川越氷川神社
創建／541（欽明天皇2）年
本殿様式／入母屋造
住所／埼玉県川越市宮下町2-11-3
電話／049-224-0589
交通／東武バス「喜多町」から徒歩5分
参拝時間／自由
御朱印授与時間／8:00〜18:00
URL https://www.kawagoehikawa.jp

境内の小石を持ち帰ると良縁に恵まれるという伝承から生まれたお守り「縁結び玉」

町の聖地

町の聖地
絶対行きたいオススメ寺社2

群馬

曹源寺【そうげんじ】

本堂は国内最大規模のさざえ堂

本堂の観音堂は江戸中期の建築、内部が3層構造になったさざえ堂と呼ばれる建物です。

寺伝によると豪族新田氏の始祖が京から迎えた養女祥寿姫(しょうじゅひめ)の菩提を弔うため、1187(文治3)年に建立された六角堂が起源とされています。江戸時代に火災に遭い、本堂は消失。1798(寛政10)年に建立された観音堂「さざえ堂」を本堂としています。さざえ堂は「三匝堂(さんそうどう)」と呼ばれるユニークな構造のお堂。外観は2階建てですが、堂内に入ると3層構造になっています。

ここが聖地POINT
100札所の観音様を安置

堂内には御本尊を中心に秩父・坂東・西国の観音札所百カ寺の御本尊を模した観音様を安置。右回りに3回まわるとすべてを巡拝し、元の位置に戻って来られるようになっています。さざえ堂を1周すると100の札所をめぐった功徳が得られます

アジサイの名所として有名で「群馬のあじさい寺」と呼ばれることもあります。6月は境内にたくさんのアジサイが咲き誇り、参詣者の目を楽しませています

1階奥の太鼓橋をわたり、2階へと続くさざえ堂内部。さざえ堂は正面は東向きで、間口・奥行ともに約16m、高さは約17mです

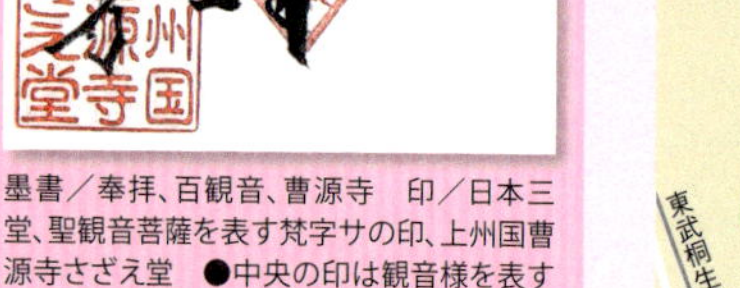

墨書/奉拝、百観音、曹源寺　印/日本三堂、聖観音菩薩を表す梵字サの印、上州国曹源寺さざえ堂　●中央の印は観音様を表す梵字を百用いたインパクトのある印です

DATA
曹源寺
山号/祥寿山
宗旨/曹洞宗
住所/群馬県太田市今泉町165
電話/0276-25-1343
交通/東武伊勢崎線「太田駅」から車10分
拝観時間/さざえ堂10:00～12:00、13:00～15:00
御朱印授与時間/10:00～12:00、13:00～15:00
拝観料/さざえ堂300円
URL https://sazaedou.wixsite.com/sougennji

お寺の方からのメッセージ
さざえ堂という名は、貝のサザエに似ているからとも、三匝堂が変化したものともいわれています。三匝堂は仏前を右に回って退出するという仏教儀礼を建築構造に採り入れたとても珍しい建築様式です。

さざえ堂の北側には名号角塔婆があります。4面に「南無阿弥陀仏」と刻まれた高さ約80cmの角柱形の供養塔です。角塔婆は群馬県東部の一部に確認されているのみで、ほかの地域ではほとんど見られません。鎌倉時代後期から室町時代初期の造立と考えられています。

東京

良縁祈願は〝東京のお伊勢さま〟で

東京から伊勢神宮を拝むための遥拝殿として創建。縁結びの神社としても女性に人気です！

東京大神宮

【とうきょうだいじんぐう】

伊勢神宮と同じ神様とともに、あらゆる「結び」の働きを司る神様を祀ることから、縁結びの神社として有名。東京でお伊勢参りがかなうことから、多くの参拝者が訪れます。和紙人形が付いた「恋みくじ」（200円）は、中に書いてある恋愛成就のアドバイスがよく当たると評判。日本で最初の神前結婚式を行った神社であることから境内で新郎新婦の姿を見かけることも。

ここが聖地POINT

境内のハート形を探して

神門の扉をよく見ると、ハート形の装飾が。これは「猪の目」という魔除けの文様です。撮影してスマホなどに保存しておくと恋愛成就するといわれています。いつもにぎわっていますが、午前中は比較的すいています

奉拝　東京大神宮　令和六年二月十七日

墨書／奉拝、東京大神宮　印／東京大神宮

●創建当初は日比谷に鎮座し、「日比谷大神宮」と呼ばれていました。1928（昭和3）年、現在地に移ってから「飯田橋大神宮」となり、戦後に今の社名になりました

「願い文」（500円）は願いごとを紙に書き、願いがかなうよう思いを込めてひもで結びます。奉納すると神前に納めてもらえます

主祭神／主な御利益

天照皇大神（あまてらすすめおおかみ）　豊受大神（とようけのおおかみ）

縁結び、開運、家内安全など

「縁結び鈴蘭守」（各800円）は幸福が訪れるという鈴蘭の花言葉に由来。縁結びのお守りのなかで特に人気です

優しいパステルカラーで蝶と桜の絵柄がかわいい御朱印帳。うぐいす色もあります。カバー付き（各1200円）

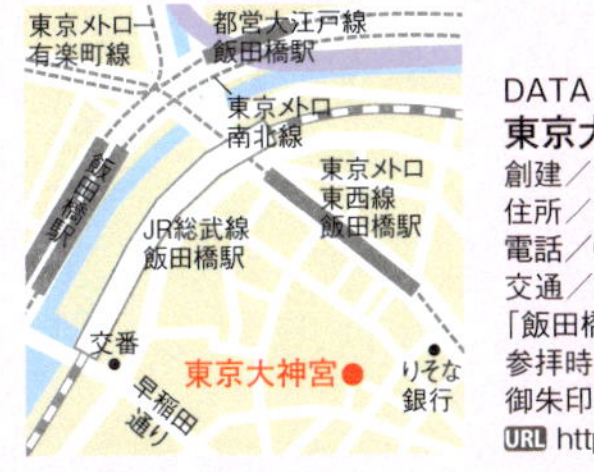

DATA

東京大神宮

創建／1880（明治13）年　本殿様式／神明造
住所／東京都千代田区富士見2-4-1
電話／03-3262-3566
交通／JR中央・総武線・東京メトロ・都営地下鉄大江戸線「飯田橋駅」から徒歩5分
参拝時間／6:00〜21:00
御朱印授与時間／9:00〜17:00
URL https://www.tokyodaijingu.or.jp

神社の方からのメッセージ

その年によって日付は変わりますが、3月3日前後には「雛まつりの祓」を斎行しています。心願成就と無病息災を願う神事でどなたでも参列できます。また立春〜3月3日まではお願いごとが書き込めるお雛様形代（かたしろ）を用意しています。

毎年、七夕には「七夕祈願祭」が行われ、6月1日〜7月7日まで短冊が用意されます。願いごとを書いて奉納すると神職と巫女が笹竹に結びつけてくれます。笹竹は回廊に飾られ、7月1〜7日の期間ライトアップされます。※変更の場合あり。事前要確認

茨城

笠間稲荷神社

【かさまいなりじんじゃ】

全国から参拝者が訪れるビジネスの守り神

仕事を成功に導くチカラを授けるお稲荷さん。
日本三大稲荷のひとつに数えられています。

楼門を抜けると、白い敷石の境内が明るく輝いています。正面には銅瓦屋根が堂々とした拝殿が立ち、参拝者を出迎えます。御祭神は五穀豊穣、産業を盛んにする神様。江戸時代には農家、商家のお参りが多くなり、現在ではビジネスの守り神として信仰を集めています。初詣は稲荷神社としては関東一の人出があり、仕事始めの日にお参りに訪れる会社員の姿も多く見られます。

主祭神／主な御利益

宇迦之御魂神（うかのみたまのかみ）

商売繁栄、五穀豊穣、交通安全、厄除けなど

ここが聖地POINT

日本で最も古い菊の祭典

毎年秋には境内で「笠間の菊まつり」を開催。第1回は1908（明治41）年にまで遡ります。大輪の菊や小菊など、約5000鉢の菊の花がところ狭しと並び、参拝者の心をなごませています。期間中はアンブレラスカイや菊花手水舎などの各種装飾も楽しめます。

御朱印を受けると「御祭神ステッカー・オマイリマン」を頂けます。御祭神を身近に感じてもらうため、県内の大甕神社（P.63）、助川鹿嶋神社（日立市）、龍ケ崎八坂神社（龍ケ崎市）などと共同で実施

神苑には2株のフジが茂り、樹齢はともに約400年。そのうちの1株は天然記念物の「八重の藤」で、ブドウの実のように集合して花が咲く珍しい種類です。例年の見頃は4月下旬から5月上旬です

本殿裏に回ると、神様のお使いであるキツネの石像がたくさん安置されている「狐塚」があります。このキツネ像たちは福を運ぶパワーがあるといわれています

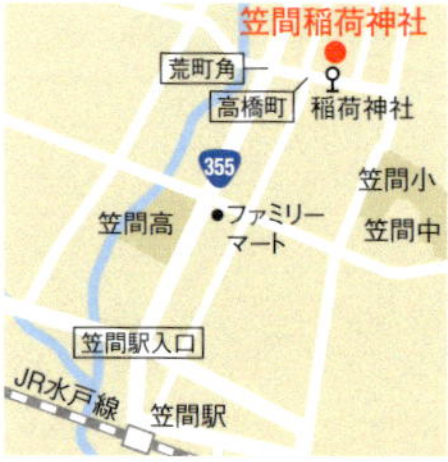

墨書／奉拝、胡桃下、笠間稲荷神社　印／常陸笠間鎮座、笠間稲荷神社参拝印　●クルミの密林に稲荷大神が祀られていたことから「胡桃下稲荷」の名でも親しまれています

DATA

笠間稲荷神社

創建／651（白雉2）年
本殿様式／権現造
住所／茨城県笠間市笠間1
電話／0296-73-0001
交通／JR水戸線「笠間駅」から徒歩20分、またはかさま観光周遊バス（月曜運休）で「稲荷神社」からすぐ
参拝時間／6:00～16:00
御朱印授与時間／8:00～16:00
URL http://www.kasama.or.jp

神社の方からのメッセージ

神社創建の日とされる4月9日に毎年斎行される例大祭は、神社で最も重要な神事です。この日は正装した神職による神事のほか、県下醸造元からの銘酒奉納によります献酒祭も行われます。

拝殿前に建つ「萬世泰平門」というありがたい名前で呼ばれる楼門は、1961（昭和36）年竣工。堂々とした造りは重層入母屋造という建築様式です。扁額は当時の神宮祭主、北白川房子様の御染筆によるもの。門の左右に安置された神像は神域を守り、浄化しています。

茨城

ずらりと並ぶ黄金の鳥居が福を招く

堀出神社・ほしいも神社【ほりでじんじゃ・ほしいもじんじゃ】

堀出神社の社名は徳川光圀公が御神体の鏡を発掘したこと、つまり「掘って出た」ことに由来します。2019年には境内に「ほしいも神社」を創建。御利益は「ホシイモノ（欲しいもの）」すべてが手に入ること！　創建して間もないお社ながら、子授けや商売繁盛、宝くじ当選など多くの「御利益があった」の声が届いています。

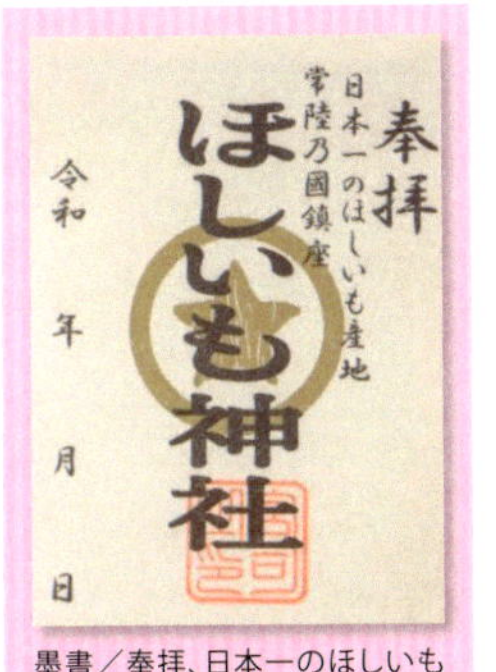

墨書／奉拝、日本一のほしいも産地、常陸乃國鎮座、ほしいも神社　印／社紋、宮司之印　●ほしいも神社の御朱印。社紋はほしいもをイメージ。書き置きのみ

茨城県はほしいもの生産量日本一。「ほしいもの神様」を祀ります

ここが聖地POINT

ほしいもをイメージした黄金の鳥居が並びます。唯一無二の神社で願いをかなえる手助けをしてもらいましょう

DATA

堀出神社・ほしいも神社

創建／堀出神社1671（寛文11）年、ほしいも神社2019（令和元）年

本殿様式／神明造

住所／茨城県ひたちなか市阿字ヶ浦町178

電話／029-265-9533

交通／ひたちなか海浜鉄道湊線「阿字ヶ浦駅」から徒歩2分

参拝時間／自由

御朱印授与時間／10:00～16:00

URL https://horide-hachiman.com

主祭神 / 主な御利益

誉田別尊（ほんだわけのみこと）　宇迦之御魂神（うかのみたまのかみ）

厄除け、金運上昇など

栃木

縁結びも開運もおまかせ

大前神社【おおさきじんじゃ】

1250年以上の歴史をもつ古社。御祭神の大国様と恵比寿様は、さまざまな福を授けてくださる神様です。拝殿前でお参りしたあとは、摂・末社10社が並ぶ「幸せ参道（まいりみち）」へ。縁結び、商売繁盛、交通安全などを願い、摂・末社にもお参りすることでさまざまな御利益にあやかれます。栃木屈指のパワースポットです。

御朱印帳はP.23で紹介！

墨書／大前神社　印／奉拝、だいこくえびす二福神、御社殿国重要文化財、延喜式内大前神社印　●足尾山神社や、月替わり、例祭限定御朱印もあります

1802（享和2）年に建立された第3の鳥居の先に社殿が見える

境内社の足尾山神社に交通安全祈願の「バイク絵馬」（各500円）を奉納

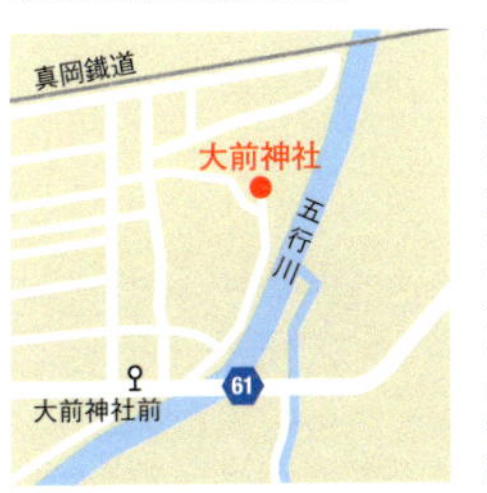

DATA

大前神社

創建／不詳　※767～770年（神護景雲年間）に再建

本殿様式／権現造

住所／栃木県真岡市東郷937

電話／0285-82-2509

交通／関東バス・真岡市コミュニティバス「大前神社前」から徒歩5分

参拝時間／自由

御朱印授与時間／9:00～17:00

URL https://oosakijinja.com

主祭神 / 主な御利益

大国主神（おおくにぬしのかみ）　事代主神（ことしろぬしのかみ）

天照大御神（あまてらすおおみかみ）　八百万神（やおよろずのかみ）

開運招福、事業発展、美容健康、縁結びなど

ここが聖地POINT

本社とともに宝くじ当選祈願に御利益ありと評判の大前恵比寿神社にお参りを。「開運金運幸運守」（1000円）が人気です

栃木

大祭が有名な足利厄除大師

龍泉寺【りゅうせんじ】

創建は1205(元久2)年。室町時代には足利氏の帰依を受け、第14代将軍足利義栄の命で、比叡山の永代末寺に定められました。戦国時代には衰退しますが、江戸時代に再興、厄除大師としてその名が広まりました。1985(昭和60)年、比叡山根本中堂に1200年以上もともり続ける不滅の法燈が分灯され、現在も本堂にともっています。

開運・厄除け祈願の「しずく守」(1000円)は手に載せて振りましょう

本堂地下に美術館を常設。絵画作品や仏像などを数多く所蔵しています

限定御朱印と御朱印帳はP.19・23で紹介!

墨書/奉拝、釈迦如来、福聚山龍泉寺　印/新下野二十三番足利坂東三番霊場、釈迦如来を表す梵字バクの印、元三大師関東霊場不滅之法燈奉安所、龍泉寺印　●厄除大師などの御朱印も頂けます

DATA
龍泉寺
山号/福聚山
宗旨/天台宗
住所/栃木県足利市助戸1-652
電話/0284-41-5685
交通/JR両毛線「足利駅」から車5分
拝観時間/自由
御朱印授与時間/10:00~16:00
拝観料/境内無料
URL https://ryusenji.net

ここが聖地POINT
元三大師様の命日1月3日を中心にさまざまなイベントが行われ、なかでも2・3日の「福授け縁起ガラマキ式」は豪華賞品が当たるとあって、大勢の人でにぎわいます

栃木

疫病退散祈願の奇祭を斎行

間々田八幡宮【ままだはちまんぐう】

病気平癒の御利益で知られる、水と緑に囲まれた古社。江戸時代、村内に住む名士が旅先の宿で病に倒れ、いかなる治療も効果なく帰還を諦めかけましたが、間々田八幡宮を思い浮かべて祈ったところ、病が癒えて無事帰郷することができたと伝わります。今でも参拝後に病が治癒したという声があとを絶ちません。

「弁天様」の愛称で親しまれる厳島神社は境内有数のパワースポット

「病気平癒守」(1000円)を身につけたら病気が治ったとの声多数!

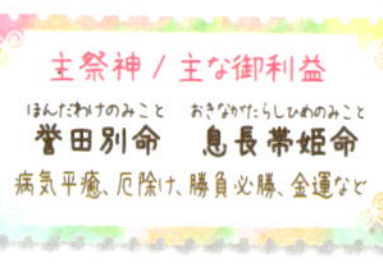

限定御朱印と御朱印帳はP.16・21で紹介!

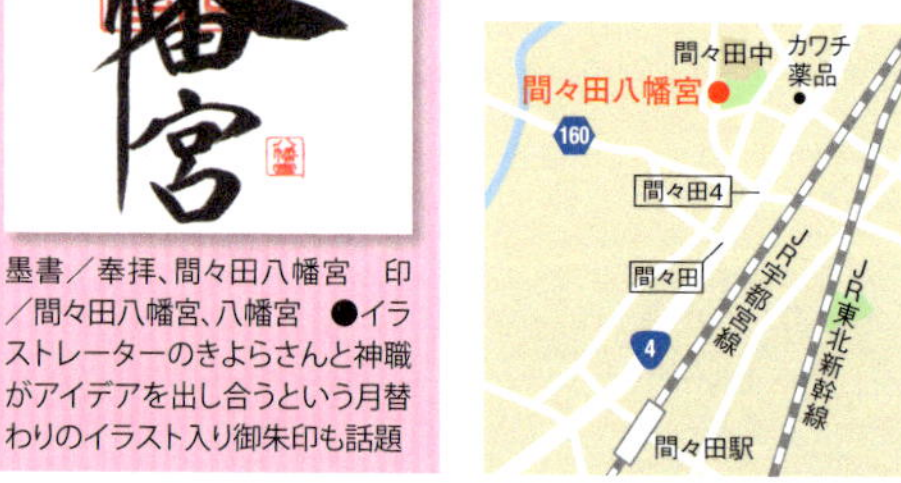

墨書/奉拝、間々田八幡宮　印/間々田八幡宮、八幡宮　●イラストレーターのきよらさんと神職がアイデアを出し合うという月替わりのイラスト入り御朱印も話題

DATA
間々田八幡宮
創建/730(天平2)年頃
本殿様式/権現造
住所/栃木県小山市間々田2330
電話/0285-45-1280
交通/JR宇都宮線「間々田駅」から車5分
参拝時間/自由
御朱印授与時間/9:00~16:30
URL https://www.mamada-hachiman.jp

ここが聖地POINT

5月の「間々田のじゃがまいた」は巨大な蛇(じゃ)を担いで練り歩く祭り。国の重要無形民俗文化財です

群馬

県内全神社の神様が集結!

上野総社神社
【こうずけそうじゃじんじゃ】

群馬県の総鎮守。神々が集うというこちらの神社にお参りするだけで、県内すべての神社に参拝したことに等しいのだとか。もちろんパワーも絶大! 境内には古木が多く、特に樹齢約800年の御神木は、触れると厄が祓われ、良縁に恵まれると人気です。本殿北側の稲荷社も諸願成就に御利益があるといわれています。

墨書/奉拝、上野総社神社　印/上野國総鎮守、左三つ巴紋、インコ、上野総社神社之印　●インコの印が押されるのは境内に野生化したインコがいるからだとか

2021年1月から頒布をスタートした鮎の形のおみくじ(各300円)

毎年1月15日に「筒粥(つつがゆ)・置炭(おきすみ)神事」を斎行

主祭神/主な御利益
経津主命(ふつぬしのみこと)
上野国内549柱の神々
縁結び、諸願成就など

DATA
上野総社神社
創建/紀元前50(崇神天皇48)年
本殿様式/三間社流造
住所/群馬県前橋市元総社町1-31-45
電話/027-252-0975
交通/JR「新前橋駅」から徒歩15分
参拝時間/自由
御朱印授与時間/9:00～17:00
URL https://www.net-you.com/souja/

ここが聖地POINT
群馬県の総社神社です。キツネの置き物に願いを書いて祈願する「願掛けきつね」(400円)で運気を上げましょう

埼玉

奈良時代開創。弘法大師ゆかりの古刹

岩槻大師 彌勒密寺
【いわつきだいし みろくみつじ】

774(宝亀5)年、開成和尚が疫病で苦しむ人々を救うために弥勒菩薩を安置して創建したと伝わります。807(大同2)年には弘法大師が五大力尊(東:降三世　西:大威徳　南:軍荼利　北:金剛夜叉　中央:不動明王)を安置。本堂下の地下仏殿には四国八十八ヶ所各札所のお砂踏みができるお遍路道場があります(参拝料200円)。

人形の町・岩槻デザインの「交通安全祈願ステッカー」(300円)

御本尊
五大力尊(ごだいりきそん)

関東三十六不動尊霊場第三十一番札所であり、奥の細道100霊場札所でもあります

墨書/奉拝、五大力尊を示す梵字+五大力、岩槻大師　印/菩提関東不動霊場第三十一番、五大力尊を示す梵字の印、戒光慧童子、岩槻大師彌勒密寺印

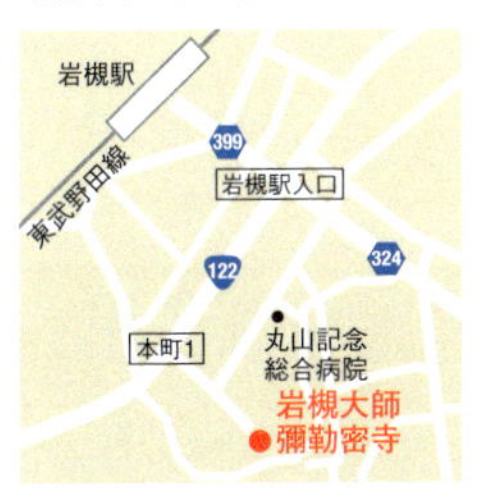

DATA
岩槻大師 彌勒密寺
山号/光岩山
宗旨/真言宗 智山派
住所/埼玉県さいたま市岩槻区本町2-7-35
電話/048-756-1037
交通/東武野田線「岩槻駅」から徒歩15分
拝観時間・御朱印授与時間/9:00～12:00、13:00～16:00
拝観料/無料

ここが聖地POINT
境内には「子育て人形大師」の像が建立されています。岩槻といえば江戸時代より続く日本一の人形の生産地。この「人形の町・岩槻」を代表する寺院です

英雄の強力パワーで金運UP！

邪を裂き、魔を祓う神話界のスーパーヒーローが運気上昇をサポートしてくれます。

埼玉

鎮守氷川神社【ちんじゅひかわじんじゃ】

元日には5万人もの参拝者が初詣に訪れ、年間を通して多くの参拝があることから「小さな大社」と呼ばれています。御祭神は、ヤマタノオロチを退治して体内から草薙剣（くさなぎのつるぎ）という宝物を得た強者。そんな神話にあやかって、思わぬところからお宝発見！なんて御利益が期待できそうです。妻の櫛稲田姫命（くしなだひめのみこと）もともに祀られ、縁結びにも御利益あり！

画家・横尾忠則氏デザインのポスターをモチーフにした御朱印帳（3000円）。毎月15日に100冊限定で頒布されます

主祭神／主な御利益

素戔嗚尊（すさのおのみこと）　櫛稲田姫命（くしなだひめのみこと）

金運、安産、厄除けなど

表　裏

オリジナル御朱印帳（2000円）。表は御祭神のシルエット、裏は御祭神がヤマタノオロチを退治する石見神楽の一場面を表現しています

ここが聖地POINT

大黒様をお祀りする境内末社の磯前神社は福の神のパワーが絶大です

墨書／奉拝、埼玉県川口市青木鎮座、鎮守氷川神社　印／埼玉縣鎮守氷川神社川口市、鎮守氷川神社、御祭神のシルエット　●正月、夏越大祓、大祭など限定御朱印があり、ウェブサイトにお知らせがアップされます

御祭神が厳しい表情で災難を祓ってくれる「厄除面」（5000円）

素戔嗚尊の迫力ある表情が魔を祓い、開運のパワーを授けてくれる「厄除守」（各800円）

「交通安全ステッカー」（500円）は交通事故に遭遇しないよう、あらゆる災難から守るお守り

ナデシコの花と御祭神である女神をあしらった「美守（うるわしまもり）」（各700円）

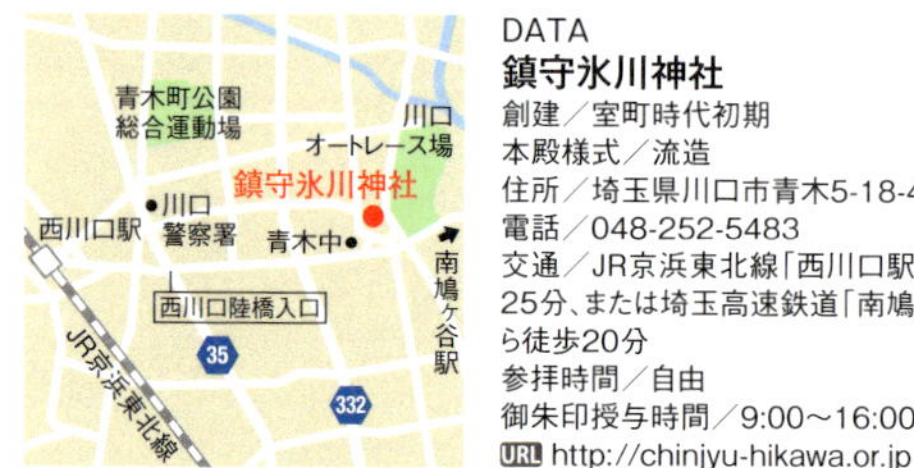

DATA

鎮守氷川神社

創建／室町時代初期
本殿様式／流造
住所／埼玉県川口市青木5-18-48
電話／048-252-5483
交通／JR京浜東北線「西川口駅」から徒歩25分、または埼玉高速鉄道「南鳩ヶ谷駅」から徒歩20分
参拝時間／自由
御朱印授与時間／9:00～16:00
URL http://chinjyu-hikawa.or.jp

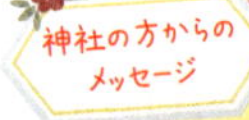

神社の方からのメッセージ

昔から不安があることを「気」が「枯れる」と表現してきました。「気枯れ」とは「穢れ」といわれ、除災招福祈願は、その「穢れ」をお祓いする御祈願です。お祓いを受け、「元」の「気」に戻ることを「元気」と呼んでいます。

狛犬の形は唐獅子に似ていますが、あくまでも神様を守護する犬。氷川神社の社殿前の狛犬は手彫りの石造。笑っているような表情で、1851（嘉永4）年に奉納されたものです。社殿奥の神前には彩色を施した木製の狛犬が鎮座しています。

埼玉

古くから縁結びの御利益が有名

妻沼聖天山歓喜院

【めぬましょうでんざんかんぎいん】

開創は1179(治承3)年。待乳山聖天(東京)、生駒聖天(奈良)とともに日本三大聖天のひとつとされています。本殿の聖天堂は1779(安永8)年に再建された日光東照宮を思わせる見事な装飾が施された建築です。7年かけて大修理を実施、建築当時の壮麗さがよみがえり、2012(平成24)年、国宝に指定されました。

御朱印帳はP.21で紹介!

墨書/奉拝、大聖歓喜天、武州妻沼郷聖天山　印/武州妻沼歓喜天霊場、梵字ギャクの印、聖天山歓喜精舎法印　●梵字ギャクの印は歓喜天を表します

左甚五郎作「猿を救う鷲」の精緻な彫刻などで飾られている聖天堂

国の指定有形文化財「平和の塔」。朱色の太鼓橋との対比が見事です

御本尊
だいしょうかんぎてん
大聖歓喜天

DATA
妻沼聖天山歓喜院
山号/聖天山
宗旨/高野山真言宗
住所/埼玉県熊谷市妻沼1511
電話/048-588-1644
交通/朝日バス「妻沼聖天前」から徒歩1分　拝観時間/自由、本殿10:00～16:00　御朱印授与時間/9:00～16:00
拝観料/境内無料、本殿700円
URL http://www.ksky.ne.jp/~shouden/

ここが聖地POINT

地元住民や参拝客から「埼玉日光」と呼ばれ、親しまれています。大祭は春と秋の2回実施。10月19日には大護摩がたかれ、行者による火渡りが行われます

千葉

良縁を結ぶ恋愛成就の強い味方

菊田神社

【きくたじんじゃ】

住宅街の一角に立つオアシスのような存在。平安時代に創建され、もとは久久田大明神と呼ばれていました。古来、当神社の氏子と縁を結ぶと夫婦円満になる家が多かったことから、縁結びの神様として信仰されてきました。古くから人の縁を結んできた神様から、確かな良縁パワーを頂けるに違いありません。

ユニークな表情の狛犬は「アイーンの狛犬」として全国の狛犬ファンに人気。限定御朱印にも登場します

表　裏

花束がモチーフの「しあわせ守り」(1000円)

御朱印帳はP.22で紹介!

朱書/奉拝、菊田神社　印/社紋、狛犬印
●にっこりほほ笑む狛犬の印が押された見開きの御朱印。直書きで内容は毎月替わります

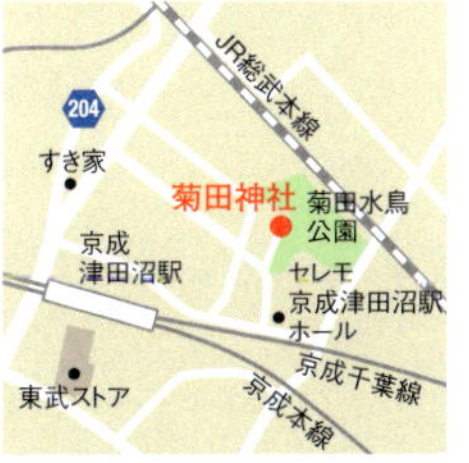

DATA
菊田神社
創建/810年代
本殿様式/流造
住所/千葉県習志野市津田沼3-2-5
電話/047-472-4125
交通/京成線「京成津田沼駅」から徒歩5分
参拝時間/自由
御朱印授与時間/10:00～15:00、土・日・祝9:00～16:00
URL http://www.kikuta-jinja.jp

主祭神/主な御利益
おおなむちのおおかみ
大己貴大神
ふじわらのときひらのみこと
藤原時平命
縁結び、厄除け、安産など

ここが聖地POINT

神社の氏子区内・近隣の人々と縁を結ぶと夫婦円満、丈夫な子供が生まれ、縁結び・安産の神様として崇敬されました

千葉

関東を守る成田のお不動様

新勝寺
【しんしょうじ】

平安時代中期、平将門の乱を鎮めるため、朱雀天皇が京都から寛朝大僧正を東国へ遣わしたのが起源と伝わります。乱を平定するために大僧正が護持したのが御本尊。乱は収まり当寺が開かれました。江戸時代には江戸への出開帳をはじめ、歌舞伎役者の市川團十郎など著名人の参拝もあり、成田山詣でが盛んになります。

御本尊
ふどうみょうおう
不動明王

奉拝
本尊 不動明王
下総国
令和 年 月 日
成田山新勝寺

墨書／奉拝、下総国、本尊不動明王、成田山新勝寺　印／成田山、梵字カーンの印、大本山成田山新勝寺　●本堂、光明堂、釈迦堂、平和大塔、出世稲荷、醫王殿で授与

どんな困難にも打ち勝つ力を授けてくれる「勝御守」（500円）

十二支それぞれの「十二支守り本尊御守」（1000円）

DATA
新勝寺
山号／成田山　宗旨／真言宗
住所／千葉県成田市成田1
電話／0476-22-2111（8:00～16:00）
交通／JR成田線「成田駅」または京成本線「京成成田駅」から徒歩10分
拝観時間／自由
御朱印授与時間／8:00～16:00
拝観料／無料
URL https://www.naritasan.or.jp

ここが聖地POINT
境内に並ぶ建物のなかで三重塔、釈迦堂、額堂、光明堂、仁王門は、江戸時代の建築とされ、国の重要文化財に指定されています。さまざまなモチーフの彫刻や絵馬は必見です

千葉

佐原の中心で良縁祈願を！

八坂神社
【やさかじんじゃ】

ユネスコ無形文化遺産に登録されている、夏の祇園祭「佐原の大祭」が有名。「佐原の人は3人寄れば山車の話を始める」という宮司の言葉どおり、地域の人が祭りに情熱を注いでいます。拝殿では、縁結びや恋愛成就の御利益がある御祭神に良縁を祈願しましょう。神様が熱い思いに力強く応えてくれるはずです。

主祭神／主な御利益
すさのおのみこと
素戔嗚尊
縁結び、夫婦和合、厄除けなど

八坂神社
令和参年 元旦

墨書／八坂神社　印／佐原本宿鎮座、八坂神社　●中央の朱印は社名の周囲を神聖な八雲が囲んでいます。境内では毎月第1日曜に骨董市が開かれます

社紋である五瓜に唐花紋と、佐原の名物であるアヤメが描かれた「御守」（500円）。近隣の側高神社で頂けます

DATA
八坂神社
創建／不詳
本殿様式／神明造
住所／千葉県香取市佐原イ3360
電話／0478-57-1545
交通／JR成田線「佐原駅」から徒歩15分
参拝時間／自由
御朱印授与時間／側高神社（車で8分）にて授与

ここが聖地POINT

祭りの巨大な山車は境内の山車会館（開館9:00～16:30、月曜と年末年始休み、料金400円）で見ることができます

東京

神田神社（神田明神）

【かんだじんじゃ（かんだみょうじん）】

境内全域に開運パワーがみなぎる

御祭神は縁結び、商売繁昌、勝運、厄除けとあらゆる御利益を授けてくれる強力な三柱です。

主祭神／主な御利益

大己貴命（おおなむちのみこと）　少彦名命（すくなひこなのみこと）

平将門命（たいらのまさかどのみこと）

縁結び、商売繁昌、厄除けなど

江戸、東京に鎮座して1300年もの歴史を誇り、江戸時代には将軍家をはじめ庶民にいたるまで、災厄から守る江戸総鎮守として、あがめられていました。「神田明神」の名前で親しまれ、今も、神田、日本橋、秋葉原など108町会の氏神様として信仰を集めています。祈願成就の御利益に定評があり、なかでも強力なのが勝運。また、60種類ものお守りがあらゆる祈願に対応します。

町の聖地

ここが聖地POINT
縁結びに御利益あり

御祭神の大己貴命は別名「大国様」。縁結びや夫婦和合で有名ですが、医薬・医療の神様であるとともに、開運招福の御利益もあります。この石像は高さ6.6m、重さ約30tもあり、石像としては日本一の大きさを誇ります

「勝守」（500円）は勝負事、商売繁昌、試験合格の強い味方

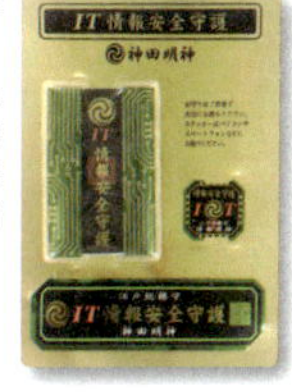

「IT情報安全守護」（1000円）は秋葉原の氏神様として海外からの参拝者にも人気のお守りです

御祭神の少彦名命は別名「えびす様」。波とイルカが印象的な像に商売繁昌を祈願！

奉拝　神田神社　令和六年七月二十三日

墨書／奉拝、神田神社　印／元准勅祭十社之内、神田神社之印、干支　●元准勅祭社は明治の東京遷都の際に定められました

御朱印とあわせてオリジナルクリアファイルも頂けます

随神門は1975（昭和50）年に再建されたもの。門にある随神像は長崎にある平和祈念像の制作者である北村西望（せいぼう）の監修で制作され、松下幸之助により奉納されました

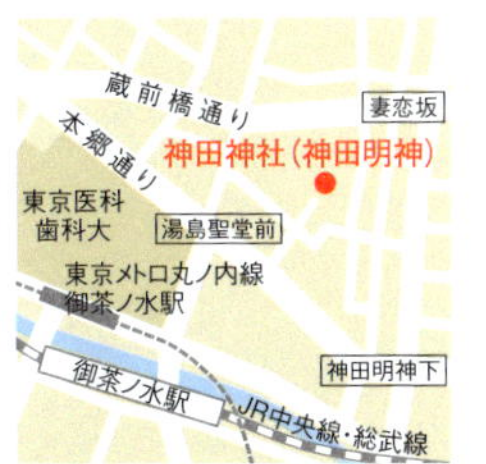

DATA

神田神社（神田明神）

創建／730（天平2）年

本殿様式／権現造・鉄骨鉄筋コンクリート造

住所／東京都千代田区外神田2-16-2

交通／JR・東京メトロ丸ノ内線「御茶ノ水駅」から徒歩5分、またはJR・東京メトロ日比谷線「秋葉原駅」から徒歩7分

参拝時間／自由

御朱印授与時間／9:00〜16:00

URL http://www.kandamyoujin.or.jp

神社の方からのメッセージ

境内の文化交流館には神田明神オリジナルの商品を扱うショップ「IKI-IKI（イキイキ）」やお参りの休憩に最適なカフェ「MASU-MASU（マスマス）」などがあります。ご参拝の記念にどうぞお立ち寄りください。

神社では文化事業にも力を入れています。例えば「明神塾」では、江戸の美と匠の世界、伝統文化などについての講義を開催。詳細はウェブサイトでチェックしてみてください。

安産へ導き続けて千年以上

東京

子安神社【こやすじんじゃ】

1260年以上前に皇后の安産祈願のため草創。安産祈願では底抜け柄杓が頒布されています。その名のとおり底のない柄杓は母体を表し、「水が滞りなく抜けるのと同じくらい安産でありますように」という願いが込められているのです。妊婦さん自身が、この柄杓で水をすくい、安産を祈願してから神様に奉納します。

限定御朱印は P.13で紹介！

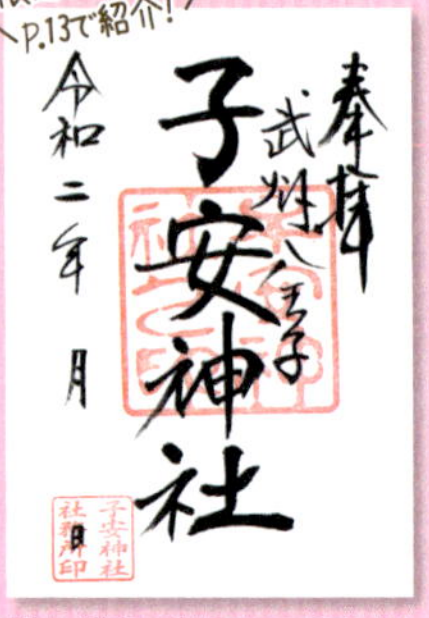

墨書／奉拝、武州八王子、子安神社　印／子安神社之印、子安神社社務所印　●境内社の金刀比羅神社や、歌人・山口誓子が子安神社を詠んだ和歌の御朱印もあります

表は十二単の平安貴族、裏は扇と牛車がデザインされた御朱印帳（1500円）

「桜花まもり」（800円）は幸せを呼ぶお守り。きれいな縮緬で奉製

主祭神／主な御利益

木花開耶姫命（このはなさくやひめのみこと）　天照大御神（あまてらすおおみかみ）
素盞嗚尊（すさのおのみこと）　大山咋命（おおやまくいのみこと）　奇稲田姫命（くしなだひめのみこと）

美容・健康、縁結び、商売繁盛など

DATA

子安神社

創建／759（天平宝字3）年
本殿様式／流造
住所／東京都八王子市明神町4-10-3
電話／042-642-2551
交通／JR中央線「八王子駅」から徒歩5分、または京王線「京王八王子駅」から徒歩1分
参拝時間／6:00～18:00（10～3月～17:00）
御朱印授与時間／9:00～16:45
URL http://koyasujinja.or.jp

ここが聖地POINT

子宝祈願なら木花開耶姫命を祀る拝殿右手の神水殿に竹筒を奉納します。桜の開花時期には限定御朱印を頂けます

関東三大不動のひとつ

東京

金剛寺（高幡不動尊）【こんごうじ（たかはたふどうそん）】

開創は古く、鎌倉時代鋳造の「文永の鰐口」の銘によれば平安時代初期、清和天皇の勅願により、不動明王を祀ったのが最初とあります。室町末期に建造された仁王門、1342（康永元）年建造の不動堂はともに重要文化財に指定されています。境内には二十数棟の建造物が並び、別格本山の格式を誇ります。

墨書／奉拝、弘法大師御作不動明王、武州高幡山　印／多摩新四國第八十八番、不動明王を表す梵字カーンの印、武州高幡山　●土方家の菩提寺のため土方歳三の位牌を安置

力強い不動明王が刺繍された「勝守」（700円）

御朱印帳は五重塔とアジサイが表紙の2種、五重塔と松、大日堂天井画の鳴り龍をデザインした各1種（各1500円）

御本尊

不動明王（ふどうみょうおう）

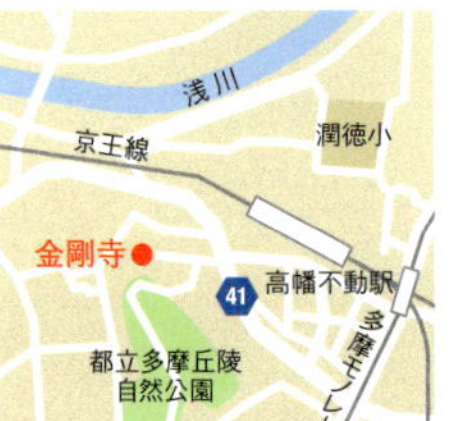

DATA

金剛寺（高幡不動尊）

山号／高幡山　宗旨／真言宗智山派
住所／東京都日野市高幡733
電話／042-591-0032
交通／京王線・多摩モノレール「高幡不動駅」から徒歩3分
拝観時間／境内自由、奥殿・大日堂9:00～16:00（月曜休）
御朱印授与時間／9:00～16:00
拝観料／奥殿300円、大日堂200円
URL https://www.takahatafudoson.or.jp

ここが聖地POINT

奥殿に安置されている丈六不動三尊像。不動明王は迷いを破り、現生を前向きに生きなさいと教えます

東京

下谷神社【したやじんじゃ】

都内最古のお稲荷様に商売繁盛祈願

東京大空襲に遭っても御神体、宝物、社殿に損害がありませんでした。神社では「当社が無事だったのは神様のおかげ」といいます。それほど力強い御祭神なのです。平安時代、東北で起きた平将門の反乱を平定するため、藤原秀郷(ひでさと)がこちらで戦勝を祈願。祈願がかない、社殿を新しく造営したという歴史があります。

限定御朱印は P.16で紹介!

墨書/奉拜、下谷神社　印/抱き稲紋、下谷神社、下谷神社々務所之印　●「参拝後にお声がけのうえ、書いてほしいページを開いて渡してください」と神職の方

拝殿天井画の龍をモチーフにした御朱印帳は3種類(各1500円)

商売繁盛の「喜常(きつね)」(800円)と幸せを結ぶ「福まねき招福守」(800円)

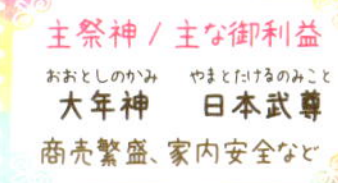

主祭神/主な御利益
おおとしのかみ 大年神　やまとたけるのみこと 日本武尊
商売繁盛、家内安全など

DATA
下谷神社
創建/730(天平2)年　本殿様式/権現造
住所/東京都台東区東上野3-29-8
電話/03-3831-1488
交通/JR・東京メトロ「上野駅」から徒歩6分、東京メトロ銀座線「稲荷町駅」から徒歩2分、都営地下鉄大江戸線・つくばエクスプレス「新御徒町駅」から徒歩5分
参拝時間/自由
御朱印授与時間/9:00～16:00
URL http://shitayajinja.or.jp

ここが聖地POINT

1000年以上の歴史ある「下谷神社大祭本祭り」では担ぎ手7000人の神輿が渡御します

東京

浅草寺【せんそうじ】

都内最古の寺院

628(推古天皇36)年、隅田川に仕掛けた網から観音像を見つけ、祀ったのが最初。雷門から仲見世を抜けると堂々とした朱塗りの宝蔵門が建ちます。左右に仁王が立つ宝蔵門は創建以来、何度も焼失と再建を繰り返し、現在の門は1964(昭和39)年の再建。門の裏には重さ500kgの巨大ワラジがつるされています。

雷門は正式名を風神雷神門という、浅草寺の総門です

影向堂(ようごうどう)には干支ごとの守り本尊八体、聖観世音、浅草名所七福神の大黒天を安置しています

御本尊
しょうかんぜおんぼさつ 聖観世音菩薩

ここが聖地POINT

お寺では御本尊との縁を結ぶ「観音経」の写経をおすすめしています。姿勢を正し、合掌し、心を落ち着かせて始めましょう

墨書/奉拝、金龍山、梵字サ+聖観世音、浅草寺　印/阪東拾三番、観世音、浅草寺印　●本堂左手の影向堂で授与

墨書/奉拝、大黒天　印/浅草寺名所七福神、大国天を表す宝珠、浅草寺印

DATA
浅草寺
山号/金龍山
宗旨/聖観音宗
住所/東京都台東区浅草2-3-1
電話/03-3842-0181
交通/東武・つくばエクスプレス・東京メトロ「浅草駅」から徒歩5分
拝観時間/境内自由。諸堂開堂6:00～17:00、(10～3月6:30～)
御朱印授与時間/8:00～17:00　拝観料/無料
URL http://www.senso-ji.jp
写真提供:浅草寺

おサル様が幸せをあと押し

東京

日枝神社【ひえじんじゃ】

主祭神は大地を支配し、万物の成長発展を約束する絶大な力をもつ神様です。江戸城の守護神とされ、徳川将軍家は国家の一大事を決める前にはことあるごとに祈祷をささげていました。大仕事や決断の前には、成功するためのパワーを頂きに行きましょう。御祭神の使いの猿が、悪運を絶ち、良縁を授けてくれます。

主祭神／主な御利益
大山咋神（おおやまくいのかみ）
勝運、合格、縁結びなど

墨書／皇城之鎮、日枝神社　印／日枝神社、双葉葵紋　●「皇城之鎮」と書いて「こうじょうのしずめ」と読みます。「皇城」とは皇居のことを意味します

神紋の丸と双葉葵の柄におサルさんをあしらった御朱印帳（1500円）

「まさる守」（大800円・小600円）は「勝利と魔除け」を祈願

ここが聖地POINT

社殿前に子猿を抱いた母猿と父猿が鎮座。「猿＝えん」が「縁」につながることから縁結びなどの御利益があります

東京メトロ半蔵門線
東京メトロ有楽町線
永田町駅
赤坂見附駅
東京メトロ丸ノ内線
日比谷高
東京メトロ南北線
日枝神社
国会議事堂前駅
東京メトロ銀座線
溜池山王駅
赤坂駅
東京メトロ千代田線

DATA
日枝神社
創建／1185～1200年　本殿様式／流造
住所／東京都千代田区永田町2-10-5
電話／03-3581-2471
交通／東京メトロ「溜池山王駅」「赤坂駅」から徒歩3分、または「国会議事堂前駅」「赤坂見附駅」から徒歩5分
参拝時間／6:00～17:00、祈祷受付・宝物殿9:00～16:00
御朱印授与時間／8:00～16:00
URL http://www.hiejinja.net

厄除け&強運をゲット！

東京

小網神社【こあみじんじゃ】

創建は1466（文正元）年といわれ、周辺で流行した疫病を鎮めたとの伝承や、東京大空襲でも奇跡的に被害を免れたことなどから、「強運厄除の神様」としてあがめられています。社殿は日本橋地区に唯一残る木造檜造。福禄寿を祀ることから健康長寿の御利益も頂けます。11月28日の「どぶろく祭」が有名です。

主祭神／主な御利益
倉稲魂神（うかのみたまのかみ）
市杵島比賣神（いちきしまひめのかみ）
金運、学業成就、渡航安全、病気平癒など

墨書／参拝、小網神社　印／日本ばし強運厄除、小網神社・参拝・■■■、強運厄除けの龍　●御朱印は書き置き。印の龍は「昇り龍」と「降り龍」の一対（■■■＝文言不明）

純金を練りこんだカード型のお守り「財運向上カード守」（1000円）

神様と縁がつながるよう本物のまゆ玉でできた「まゆ玉おみくじ」（300円）

DATA
小網神社
創建／1466（文正元）年5月28日
本殿様式／一間社流造
住所／東京都中央区日本橋小網町16-23
電話／03-3668-1080
交通／東京メトロ日比谷線・都営浅草線「人形町駅」から徒歩5分
参拝時間／自由
御朱印授与時間／9:00～17:00
URL https://www.koamijinja.or.jp

ここが聖地POINT

境内の銭洗い井戸に備え付けられているザルで小銭を洗い、お財布に入れておけば金運アップの御利益が！

神奈川

横浜を見守る「浜のおすわさん」

諏訪神社

【すわじんじゃ】

創建当初より近隣の住民からあつく崇敬されたため、絶えず明かりがともされ、それが石川河岸を出入りする漁船を導く目印になったそうです。社殿は何度も災害や火災に遭いましたが、町内に火事が起こることはなかったといわれています。今では災害を除け、繁栄をもたらしてくれる火防の神として信仰されています。

奉拝 諏訪神社 浜のおすわさん 平成三十年九月十三日

墨書／奉拝、諏訪神社　印／浜のおすわさん、梶葉紋、諏訪神社　●全国に鎮座する諏訪神社では、多くの場合、梶の葉が神紋のモチーフになっています

ユニークな表情をした招き猫がかわいい「商売繁盛守」(500円)

大切なペットの首輪に付けられる「ペット御守」(500円)

主祭神／主な御利益

建御名方命(たけみなかたのみこと)

金運、交通安全、五穀豊穣など

DATA

諏訪神社

創建／1481(文明13)年

本殿様式／神明造

住所／神奈川県横浜市中区石川町4-164

電話／045-681-5955

交通／JR根岸線「石川町駅」から徒歩5分

参拝時間／自由　御朱印授与時間／9:30～16:00(火曜休み)

URL https://twitter.com/suwa_yokohama_y

ここが聖地POINT

かつては漁船を導く灯台として活躍しました。町に溶け込み、人々の暮らしに寄り添ってきた神社の歴史を感じさせます

町の聖地

神奈川

御祭神パワーで女子力向上

浅間神社

【せんげんじんじゃ】

横浜駅から徒歩圏内の閑静な住宅街に鎮座。静岡県富士宮市にある浅間信仰の総本社「富士山本宮浅間大社」と同様の浅間造で、2階建ての建築様式が特徴です。鮮やかな朱色が美しい本殿裏には樹齢約450年の御神木が立ち、地域の人々を見守っています。絶世の美女として名高い御祭神は、安産の御神徳で知られます。

墨書／参拝、横浜市西区浅間町鎮座、浅間神社　印／桜輪に羽団扇(はうちわ)、富士山・浅間宮　●羽団扇は、天狗がその手に持つ様子が描かれており、災難を吹き飛ばすともいわれています

社殿の隣にある小嶽社。裏階段は黒澤映画『姿三四郎』の撮影に使われ、映画ファンも訪れます

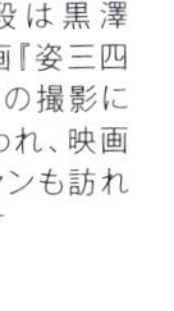

かわいい紅白の梅、出会いの鈴に永遠の愛と深い絆を祈願する「縁結守」

主祭神／主な御利益

木花咲耶姫命(このはなのさくやひめのみこと)

縁結び、安産など

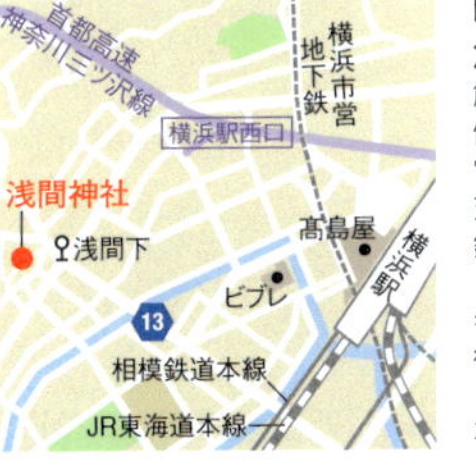

DATA

浅間神社

創建／1080(承暦4)年　本殿様式／浅間造

住所／神奈川県横浜市西区浅間町1-19-10

電話／045-311-2891

交通／JR・東急東横線・京急線・相模鉄道・横浜市営地下鉄・みなとみらい線「横浜駅」から徒歩16分

参拝時間／自由

御朱印授与時間／10:00～16:00

※留守の場合があるため電話にて要事前連絡

ここが聖地POINT

毎年6月第1土曜、日曜に氏子神輿7基の連合渡御が行われ、参道には約300店もの露店が並びます

御利益も
見た目も
最高です！

編集部おすすめ！授与品

授与品は、神職が参拝者の幸せを祈り、願いがかなうよう祈りをささげたもの。神様のパワーを封じ込めた授与品をチェックしましょう。

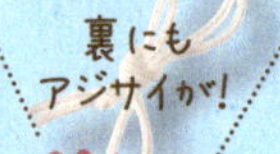

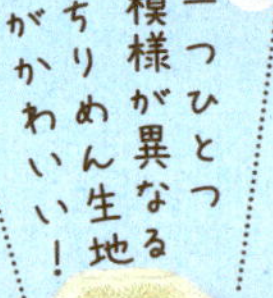

鶴嶺八幡宮(P.73)の「女人守護」

女性が美しく健やかに過ごせるように祈念された、境内社・湘南淡嶋神社のお守り。錦袋に織り込まれたピンクの胡蝶蘭の花言葉は「あなたが好きです」。自分の魅力を引き出すために、まずは自分自身を好きになりましょう（800円）

二本松寺(P.84)の「御守」

「あじさいの杜」として知られるお寺のお守りらしく、本堂とアジサイをデザイン。アジサイを思わせる紫とピンクの2色から選べます（各400円）

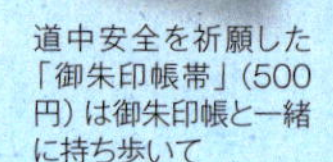

道中安全を祈願した「御朱印帳帯」（500円）は御朱印帳と一緒に持ち歩いて

大原神社(P.108)の「御守」「絵馬」

両親とおなかの子供との縁を結び、無事に出産できるよう願いを込めた「安産御守」（800円）と「安産祈願絵馬」。子供の健やかな成長を願う「初宮詣り絵馬」もあります

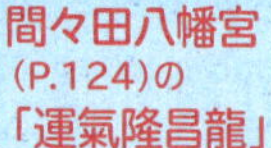

間々田八幡宮(P.124)の「運氣隆昌龍」

不思議な力をもつ天然本水晶玉を口にくわえた本つげ製の龍が悪運を断つ（＝辰）！空をかけ昇るように運気を上げてくれます（800円）

秩父今宮神社(P.89)の「学業御守」

学力アップや合格を願う人におすすめの、筆と巻物がデザインされたお守り。淡いピンクとブルーの2色です（各800円）

「勝運水」で運気アップ！

亀戸香取神社（P.70）の創建1350年を記念して、神社のおひざ元である亀戸勝運商店街が青森県むつ市と協力して作った「勝運水」（200円）。商店街にはむつ市の物産を取り扱う店があるなど、古くから交流がありました。ボトルの中身はむつ市の釜臥山（かまぶせやま）から湧く伏流水です。

Part 5 第三章

島の聖地

個性あふれる関東の島々。
自然に包まれ、ゆったりと流れる島時間のなかに
独自の歴史文化をもった寺社が点在しています。
島の鎮守を参拝し、高台へ上がれば
目の前に広がる絶景。
聖なる力に心身が解き放たれ、
空も海もひとり占めした気分になれます。

東京・竹芝港から高速ジェット船で約1時間45分!
ツバキの島・伊豆大島で御朱印めぐり

島内に約30万本のツバキが自生!

伊豆大島は、海底火山の噴火によって形成された伊豆諸島最大の島。
マリンスポーツやハイキングなどで人気ですが、実は御朱印集めもできます。
観光しながら島内の寺を参詣して諸願成就を願いましょう。車移動がおすすめです。

境内に躍動的な書を展示

福聚寺(ふくじゅじ)

御本尊
聖観世音菩薩(しょうかんぜおんぼさつ)

1573(天正元)年に開創(大島最古の仏教寺院)。開山当初から寺子屋教育が行われ、明治に入ってからは役人を含む多くの人を寺に呼び、学問を奨励。現在は書道教室をとおして布教活動を実践しています。色紙などの書道作品が欲しい場合は相談に応じてくれます。祀られているのは縁結びの御利益があるという七福神唯一の女神・弁財天像。

子孫繁栄の御利益があるという「乳房銀杏」。幹から乳垂気根(ちだれきこん)という乳房状のものが下がっています

DATA
福聚寺
山号/海光山
宗旨/曹洞宗
住所/東京都大島町岡田樫戸15
電話/04992-2-8410
交通/岡田港から徒歩15分
拝観時間・御朱印授与時間/9:00～16:00　拝観料/無料

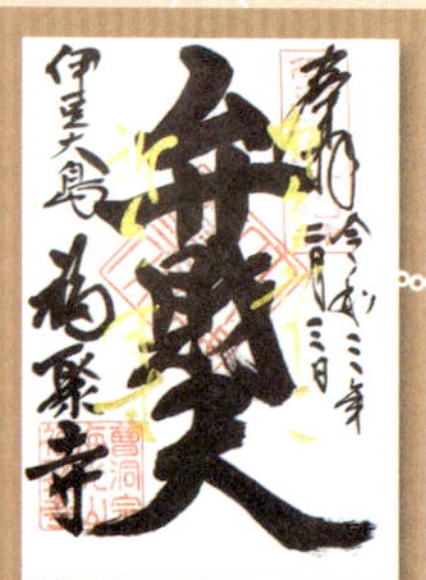

墨書/奉拝、弁財天、伊豆大島、福聚寺　金書/御多幸を祈ります　印/伊豆大島七福神、大弁財尊天、曹洞宗海光山福聚寺　●力強い墨書です

弁財天

1年とおして七福神めぐりができる

島内にある7つの寺には、木造の七福神像が安置されています。すべて大島高等学校の教師だった故・高田鉄蔵さんによる一刀彫りの作品です。手彫りの七福神をお参りし、すべての御朱印を集めて、目指せ満願成就! 住職は不在の場合もあるため、事前に電話で確認しましょう。

弁財天	福聚寺
毘沙門天	潮音寺
寿老人	金光寺
大黒天	海中寺
福禄寿	林浦寺
恵比寿神	龍泉寺
布袋尊	神泉寺

大島のシンボル
火口周りを1周するコースが整備され、迫力の噴火口跡を見学できます

長さ600mのしましま地層
見事な縞模様が見られる「地層大切断面」。約2万年にわたって繰り返された約100回分の大規模噴火による噴出物です

樹木に覆われた閑静な寺院
潮音寺（ちょうおんじ）

御本尊　阿弥陀如来（あみだにょらい）

元町港からほど近く、大島警察署の向かいにあります。開山は1576（天正4）年。樹木が茂る境内は、まるで大きな木のトンネルのようです。鮮やかなブルーで彩られた参道を歩いて正面のお堂へ。堂内左手に必勝開運、学問増進の御神徳があるという毘沙門天像が安置されています。ありがたいお言葉が書かれた門前の黒板も忘れずチェックを。

墨書／奉拝、毘沙門天　印／伊豆大島七福神、梵字、伊豆大島浄土宗潮音寺　●住職不在の場合は書き置きの御朱印を頒布

毘沙門天

DATA
潮音寺
山号／海照山
宗旨／浄土宗
住所／東京都大島町元町1-14-1
電話／04992-2-1778
交通／元町港から徒歩5分
拝観時間／自由
御朱印授与時間／要問い合わせ
拝観料／無料

島の聖地

モダンな建物が印象的
海中寺（かいちゅうじ）

御本尊　釈迦牟尼仏（しゃかむにぶつ）

整然とした境内に建つ堂宇は近代的な建築。靴のまま堂内に上がることができ、本堂には日蓮上人の生涯を描いた絵画があります。こちらの七福神は大黒天像です。商売繁盛や金運アップを祈願しましょう。

墨書／奉拝、妙法大黒天、日蓮宗海中寺　印／伊豆大島七福神、三原大黒天、栄昌山海中寺　●御朱印はお堂右手の建物を訪ねて

大黒天

DATA
海中寺
山号／栄昌山　宗旨／日蓮宗
住所／東京都大島町元町4-13-5
電話／04992-2-0076
交通／元町港から徒歩11分
拝観時間・御朱印授与時間／要問い合わせ　拝観料／無料

五重塔や石仏群が並ぶ
金光寺（きんこうじ）

御本尊　薬師瑠璃光如来（やくしるりこうにょらい）

1574（天正2）年に創建した由緒ある寺院。火災を乗り越え、昭和に入って現在地に移りました。参道の両脇には石仏群が並びます。堂内に穏やかな笑みをたたえた寿老人像を安置。延命長寿や家庭円満の御神徳を頂けます。

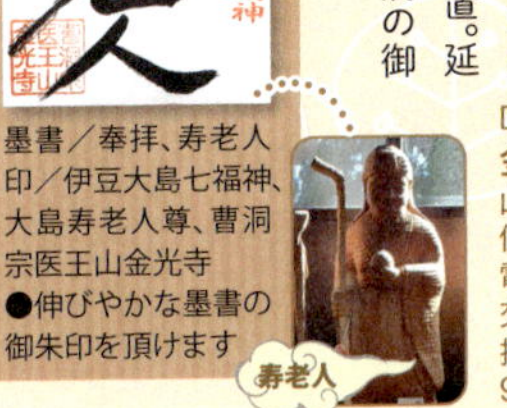

墨書／奉拝、寿老人　印／伊豆大島七福神、大島寿老人尊、曹洞宗医王山金光寺　●伸びやかな墨書の御朱印を頂けます

寿老人

DATA
金光寺
山号／医王山　宗旨／曹洞宗
住所／東京都大島町元町4-14-8
電話／04992-2-1266
交通／元町港から徒歩9分
拝観時間・御朱印授与時間／9:00～17:00　拝観料／無料

ツバキ柄の御朱印帳を手に入れよう

御朱印帳を入手して、御朱印めぐりをもっと楽しく！元町港目の前にある「えびす屋土産店」では、大島のシンボルであるツバキ柄の御朱印帳（2500円）を販売しています。1955（昭和30）年創業のみやげ店で、手焼きの牛乳せんべいが人気です。目印はかわいい牛柄の建物。

DATA
えびすや土産店（みやげてん）
住所／東京都大島町元町1-17-1
電話／04992-2-1319
交通／元町港から徒歩すぐ
営業時間／8:00～17:00
※季節により変動あり
休み／無休
URL https://www.facebook.com/EBISUYA1955/

大島の南の玄関口を守る
林浦寺（りんぽじ）

御本尊　地蔵願王大菩薩（じぞうがんのうだいぼさつ）

差木地地区にある唯一の寺院。御本尊とともに七福神の福禄寿で知られています。子孫繁栄や立身出世の御利益があるほか、旅行安全祈願にもパワーを発揮します。島のメイン道路から少し入った場所にあるため、注意を。

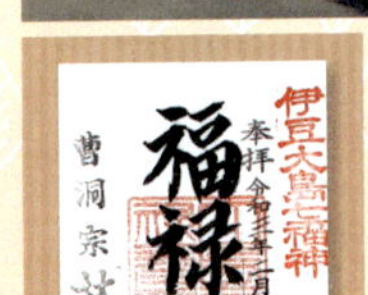

墨書／福禄寿　印／伊豆大島七福神、奉拝、大島福禄寿尊、曹洞宗林浦寺　●法要や不在の場合があるため事前に連絡を

福禄寿

DATA
林浦寺
山号／東福山　宗旨／曹洞宗
住所／東京都大島町差木地1
電話／04992-4-0623
交通／元町港から車20分
拝観時間・御朱印授与時間／9:00～16:00　拝観料／無料

東京

神楽・獅子木遣（ししぎやり）は都無形文化財

十三社神社【じゅうさんしゃじんじゃ】

社伝によると、国譲りを終え出雲より出た事代主命が伊豆諸島の開拓を計り、各島に一族を分け、島治したことが始まりと伝わります。木々に囲まれた神秘的な境内に十三柱の神を祀っていることから、十三社神社の名が付けられました。地元では明神さまと呼ばれ、新島の総鎮守として島民の信仰を集めています。

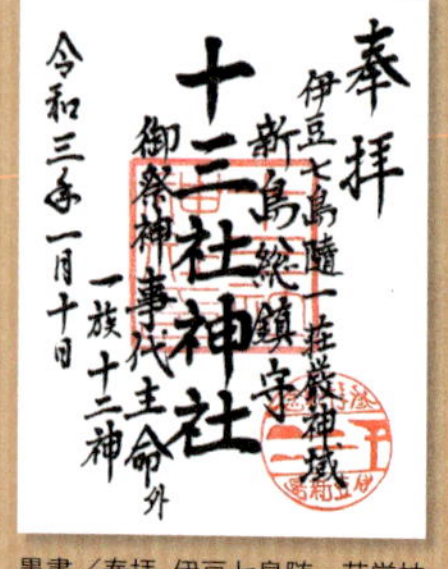

墨書／奉拝、伊豆七島随一荘厳神域、新島総鎮守、十三社神社、御祭神事代主命外一族十二神　印／参拝記念・伊豆新島・鳥居、十三社神社印　●新島、武根、若郷の各所奉斎の同系祭神十三社を合祀

本村集落北部にある大鳥居の先にソテツが茂る境内が続きます

コーガ石で造られた恵比寿像。金運アップを祈願しましょう

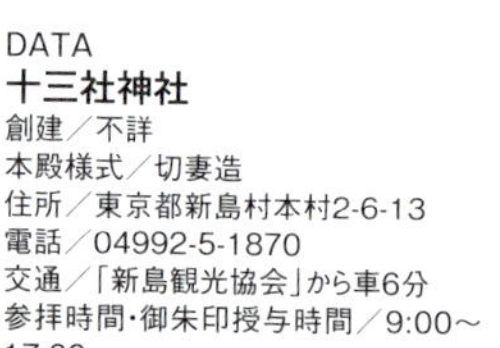

DATA
十三社神社
創建／不詳
本殿様式／切妻造
住所／東京都新島村本村2-6-13
電話／04992-5-1870
交通／「新島観光協会」から車6分
参拝時間・御朱印授与時間／9:00～17:00

主祭神／主な御利益
事代主命（ことしろぬしのみこと）　一族十二神（いちぞくじゅうにしん）
商売繁盛、縁結び、大漁万作など

ここが聖地POINT
神気あふれる天之御柱・地之御柱・魂之御柱と書かれた3本の御柱。最強の縁結びパワーがあるといわれています

東京

式根島にある唯一の寺院

東要寺【とうようじ】

新島の日蓮宗長栄寺の分院でしたが、1954（昭和29）年に東要寺の名で独立しました。島民が足しげく清掃に訪れることから、境内はいつもきれいに保たれて、気持ちよくお参りできます。寺を見守るように立つ御神木のナギとイヌマキの木は都の天然記念物。住職が手作りする吉凶のない「言葉のおみくじ」も有名です。

墨書／南無妙法蓮華経、得入無上道 速成就佛身寺、法光山東要寺　印／奉拝、式根島、式根島法華道場東要寺印　●「得入無上道 速成就佛身」は法華経「如来寿量品第十六」の最後の一文です

2019年の台風15号で枝が折れてしまった樹齢900年のイヌマキ

住職が祈祷をあげたナギの葉を無料で頂けます。財布に入れるのも◎

御本尊
十界の大曼荼羅（じっかいのだいまんだら）

DATA
東要寺
山号／法光山
宗旨／日蓮宗
住所／東京都新島村式根島11-1
電話／04992-7-0133
交通／「式根島観光協会」から車5分
拝観時間／自由
御朱印授与時間／住職在寺時
拝観料／無料

ここが聖地POINT

伊豆諸島では式根島だけに自生するナギの木は昔から神木とされています。葉は災難除けのお守りになります

東京

大神山神社
【おおがみやまじんじゃ】

見晴らしのよい場所に鎮座する神社。小笠原諸島発見時に、小笠原貞頼公が父島に「大日本天照皇大神の地」と奉記した標柱を立てたことが始まりと伝わります。11月に開催される例大祭は相撲や演芸大会でにぎわい、島が活気にあふれます。病気平癒の御利益でも知られ、ガン消滅の報告も寄せられるそうです。

墨書／奉拝、大神山神社　印／大神山神社、小笠原父島鎮座
●御朱印は貨客船「おがさわら丸」の父島入出港日のみ頂けます

火の神・火之迦具土神（ひのかぐつちのかみ）を祀る境内社の秋葉神社

青空に映える朱色が美しい社殿まで222段の階段を上ります

主祭神／主な御利益
天照皇大神（あまてらすおおみかみ）　誉田別命（ほんだわけのみこと）
天児屋根命（あめのこやねのみこと）
学問、子宝、病気平癒など

ここが聖地POINT

社殿横から二見湾の絶景を一望！　輝く海と神様たちからパワーを頂きましょう

DATA
大神山神社
創建／1593（文禄2）年
本殿様式／神明造
住所／東京都小笠原村父島東町105
電話／04998-2-2251
交通／「B-しっぷ」から徒歩10分
参拝時間／自由
御朱印授与時間／入港日13:00〜16:00、出港日9:00〜14:00

神津島の神社にお参り

東京・竹芝桟橋から高速ジェット船で約3時間45分

「星降る島」とも称される神津島にある神社をご紹介。御朱印の頒布はありませんが、古代日本で特に霊験あらたかとされた名神大社（みょうじんたいしゃ）※です。

島民からあつい信仰を集める神域

物忌奈命神社（ものいみなのみことじんじゃ）

927（延長5）年に成立した『延喜式神名帳』に記載されている歴史ある神社。随所に優れた彫刻が施された山門の先にある本殿は、神津島村の有形文化財に指定されています。毎年8月2日に斎行される「かつお釣り神事」が有名。島の若い漁師が境内を漁場に見立て、船出から帰港までを再現し、豊漁を願います。

重厚な山門が参拝者を出迎えます。祭神は神津島の開祖とされる神様です。縁結びの神として名高い大国主命（おおくにぬしのみこと）の孫に当たるので、縁結びの御利益も期待できます

ここが聖地POINT
神津島でカツオの一本釣りが盛んだったことから「かつお釣り神事」が奉納されます。国の重要無形民俗文化財に指定

※現在、東京で名神大社に列せられたのは、神津島にある2社だけです

DATA
物忌奈命神社
創建／不詳
本殿様式／流造
住所／東京都神津島村41
電話／04992-8-0193
交通／「神津島観光協会」から徒歩6分
参拝時間／自由 ※神職は常駐していません

主祭神／主な御利益
物忌奈命（ものいみなのみこと）
良縁成就、海上安全、出世運など

神奈川

江島神社・江島弁財天【えのしまじんじゃ・えのしまべんざいてん】

美しい三姉妹に良縁をお願い！

辺津宮(へつみや)、中津宮(なかつみや)、奥津宮(おくつみや)の3社からなる海の守護神。御祭神は良縁成就に御利益ありの女神三姉妹です。

主祭神は三姉妹の女神。辺津宮には三女タギツヒメ、中津宮には次女イチキシマヒメ、奥津宮には長女タギリヒメを祀ります。姉妹揃って江島大明神とも呼ばれます。次女を祀る中津宮は恋愛成就のパワースポットとして有名です。奥津宮までは中津宮から歩いて10分と少し距離がありますが、必ず参拝しましょう。3社すべてお参りすることで、大きな力を授かれます。

主祭神／主な御利益

多紀理比賣命(たぎりひめのみこと)　市寸島比賣命(いちきしまひめのみこと)

田寸津比賣命(たぎつひめのみこと)

縁結び、心願成就、財宝福徳、芸能上達など

ここが聖地POINT

「弁天様」を祀る奉安殿

向かって左が、裸弁財天としても有名な妙音弁財天。右が、8本の腕にそれぞれ剣や宝珠を持った八臂弁財天です。その周りには、弁財天への取り次ぎなどを務める、かわいい十五童子が。童子は愛情や恋愛を司る「愛敬童子」など、それぞれが役割をもっています

辺津宮の境内にある八角のお堂。極彩色のお堂は1970（昭和45）年の建立で、堂内には八臂（はっぴ）弁財天、日本三大弁財天のほか、護摩の灰で造られたという弁天像も祀られています

「心隠守（しんおんまもり）」は海をイメージしています

「もっと美しくなりたい！」という気持ちに応える「よくばり美人守」。ストラップになっている「美人守」に、「美肌守」や「美白守」など5種類の「御守（チャーム）」を願いに合わせてチョイス。もちろん、全種類一緒に着けても大丈夫！

奉拝　江嶋神社　令和　年　月　日

墨書／奉拝、江島神社　印／社紋、江嶋神社　●社紋に表現されるのは向かい波。中央に北条氏の家紋でもある3枚の鱗が描かれています

奉拝　弁財天　令和　年　月　日

墨書／奉拝、弁財天　印／社紋、日本三弁天・江島辯財天・財寶福徳守護　●中央の印に御祭神の御神徳が書かれています

DATA

江島神社・江島弁財天

創建／552（欽明天皇13）年　本殿様式／権現造（辺津宮・中津宮）、入母屋造（奥津宮）
住所／神奈川県藤沢市江の島2-3-8
電話／0466-22-4020
交通／小田急線「片瀬江ノ島駅」、江ノ島電鉄「江ノ島駅」、または湘南モノレール「湘南江の島駅」各駅から徒歩15〜23分
参拝時間／自由、奉安殿8:30〜16:30
御朱印授与時間／8:30〜17:00
URL http://enoshimajinja.or.jp

神社の方からのメッセージ

江の島は龍神信仰の地としても知られ、弁財天と龍神の神話が江島縁起に述べられています。この神話で語られるのは、国土を守護する龍口明神と、願いをかなえる弁財天。夫婦神による現世利益を求めて、多くの方にご参拝いただいています。

境内から見下ろせる江の島ヨットハーバーは、日本で初めての競技用ハーバー。1964（昭和39）年に開催された東京五輪のヨット競技会場として作られました。そのほかにも、江の島サムエル・コッキング苑や江の島シーキャンドルなど、見どころが満載です。

神奈川

瀬戸神社【せとじんじゃ】

穢れを洗い流し、幸せを得る聖地

古墳時代のものとされる祭祀遺物が神社近くで出土。古くから、神聖な場所であったことがわかります。

かつて、この地は入江で海水が渦を巻く「瀬戸」でした。古代の人は瀬戸を罪や穢れを洗い流す神聖な場所と考え、神々を祀りました。それがこの神社の始まりです。社殿の造営は源頼朝が行ったといわれ、交通安全、商売繁盛の守護神である主祭神のほか、境内には病魔を祓う神様や学問・文芸の神様も祀られています。和歌が書かれたおみくじは持ち帰るのがおすすめです。

家庭の安全平穏を祈念

瀬戸神社の夏祭り「天王祭」では、神社前の平潟湾の「無垢塩草」(アマモ)を神輿に取り付けてお清めをします。「瀬戸ぎわすくい」(1500円)は、祓えの力をもつ無垢塩草を乾燥させて竹のひしゃくに結び、「牛王宝印」の用紙に包んだお守りです

主祭神／主な御利益

大山祇神(おおやまつみのかみ)

商売繁盛、学問、音楽、出世など

ここが聖地POINT

弁天様を祀る円形の島

神社から徒歩3分の海に、陸続きの弁天島があります。ここには「弁天様」と呼ばれる、音楽・技芸の神を祀る摂社・琵琶嶋神社が鎮座。創建は頼朝の妻・北条政子とされ、頼朝ともども立身出世したことから「立身弁財天」「舟寄弁財天」などと呼ばれ、出世や千客万来の御利益があるといわれています

墨書／瀬戸神社　印／正一位大山積神宮、三嶌大明神、鎮護國家、瀬戸神社　●日本総鎮守の御神徳を顕した御朱印です。「正一位」とは、神社における神階の最高位。また、「三嶌大明神」とは、幕府を開いた源頼朝が伊豆で挙兵する際に御利益を得た三嶋大社のことを指します

「弁財天神札」(1000円)には背中両脇から剣や弓矢などを持つ6本の腕が出る八臂(はっぴ)弁財天立像が描かれています

DATA

瀬戸神社

創建／1180(治承4)年

本殿様式／流造

住所／神奈川県横浜市金沢区瀬戸18-14

電話／045-701-9992

交通／京急本線・金沢シーサイドライン「金沢八景駅」から徒歩2分

参拝時間／自由

御朱印授与時間／神職在社時のみ

URL http://www.setojinja.or.jp

神社の方からのメッセージ

瀬戸神社では、年間を通してさまざまな神事が行われます。なかでも、7月に行われる夏祭り「天王祭」は、氏子町内あげての盛大なお祭りです。屋台や山車の上でお囃子が打ち鳴らされ、数基の神輿が練り歩きます。

弁天島は、島の形が琵琶に似ていることから「琵琶島」と呼ばれたともいわれています。北条政子が近江国(現在の滋賀県)の竹生島から弁天様をお迎えし、この島にお祀りしました。もともとは2本の橋を架けて結んでいました。

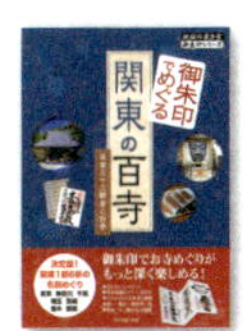
御朱印でめぐる
関東の百寺
〈坂東三十三観音と古寺〉
定価1650円（税込）

御朱印でめぐる
秩父の寺社
〈三十四観音完全掲載〉改訂版
定価1650円（税込）

御朱印でめぐる
高野山
三訂版
定価1760円（税込）

御朱印でめぐる
東京のお寺
定価1650円（税込）

御朱印でめぐる
奈良のお寺
定価1760円（税込）

御朱印でめぐる
京都のお寺
改訂版
定価1650円（税込）

御朱印でめぐる
鎌倉のお寺
〈三十三観音完全掲載〉三訂版
定価1650円（税込）

御朱印でめぐる
全国のお寺
週末開運さんぽ
定価1540円（税込）

御朱印でめぐる
茨城のお寺
定価1650円（税込）

御朱印でめぐる
東海のお寺
定価1650円（税込）

御朱印でめぐる
千葉のお寺
定価1650円（税込）

御朱印でめぐる
埼玉のお寺
定価1650円（税込）

御朱印でめぐる
神奈川のお寺
定価1650円（税込）

御朱印でめぐる
関西の百寺
〈西国三十三所と古寺〉
定価1650円（税込）

御朱印でめぐる
関西のお寺
週末開運さんぽ
定価1760円（税込）

御朱印でめぐる
東北のお寺
週末開運さんぽ
定価1650円（税込）

テーマシリーズ

寺社の凄い御朱印を
集めた本から鉄道や船の印を
まとめた1冊まで
幅広いラインアップ

御朱印でめぐる
東京の七福神
定価1540円（税込）

日本全国
この御朱印が凄い！
第弐集 都道府県網羅版
定価1650円（税込）

日本全国
この御朱印が凄い！
第壱集 増補改訂版
定価1650円（税込）

一生に一度は参りたい！
御朱印でめぐる
全国の絶景寺社図鑑
定価2497円（税込）

日本全国
日本酒でめぐる酒蔵
&ちょこっと御朱印〈西日本編〉
定価1760円（税込）

日本全国
日本酒でめぐる酒蔵
&ちょこっと御朱印〈東日本編〉
定価1760円（税込）

鉄印帳でめぐる
全国の魅力的な鉄道40
定価1650円（税込）

御船印でめぐる
全国の魅力的な船旅
定価1650円（税込）

関東版ねこの御朱印&
お守りめぐり
週末開運にゃんさんぽ
定価1760円（税込）

日本全国ねこの御朱印&
お守りめぐり
週末開運にゃんさんぽ
定価1760円（税込）

御朱印でめぐる
東急線沿線の寺社
週末開運さんぽ
定価1540円（税込）

御朱印でめぐる
中央線沿線の寺社
週末開運さんぽ
定価1540円（税込）

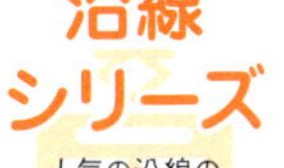

沿線シリーズ

人気の沿線の
魅力的な寺社を紹介。
エリアやテーマ別の
おすすめプランなど
内容充実

御朱印でめぐる
全国の寺社 聖地編
週末開運さんぽ
定価1760円（税込）

御朱印でめぐる
関東の寺社 聖地編
週末開運さんぽ
定価1760円（税込）

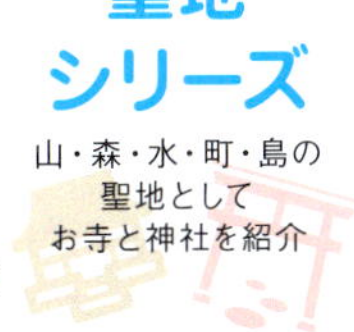

聖地シリーズ

山・森・水・町・島の
聖地として
お寺と神社を紹介

www.arukikata.co.jp/goshuin/ 検索

地球の歩き方　御朱印シリーズ 40

御朱印でめぐる関東の寺社 聖地編　週末開運さんぽ
2024年12月17日　初版第１刷発行

著作編集 ● 地球の歩き方編集室
発行人 ● 新井邦弘
編集人 ● 由良暁世
発行所 ● 株式会社地球の歩き方
〒141-8425　東京都品川区西五反田 2-11-8
発売元 ● 株式会社Gakken
〒141-8416　東京都品川区西五反田 2-11-8
印刷製本 ● 開成堂印刷株式会社

企画・編集 ● 株式会社カピケーラ（佐藤恵美子・野副美子）
執筆 ● 株式会社カピケーラ、小川美千子
制作協力 ● 株式会社タビマップ
デザイン ● 又吉るみ子、大井洋司〔MEGA STUDIO〕
イラスト ● ANNA、湯浅祐子〔株式会社ワンダーランド〕
マップ制作 ● 齋藤直己〔株式会社アルテコ〕
撮影 ● 村岡栄治、株式会社カピケーラ
校正 ● ひらたちやこ
監修 ● 株式会社ワンダーランド
写真協力 ● ⓒ iStock、PIXTA
編集・制作担当 ● 松崎恵子

●本書の内容について、ご意見・ご感想はこちらまで
〒141-8425 東京都品川区西五反田 2-11-8
株式会社地球の歩き方
地球の歩き方サービスデスク「御朱印でめぐる関東の寺社 聖地編　週末開運さんぽ」投稿係
URL▶ https://www.arukikata.co.jp/guidebook/toukou.html
地球の歩き方ホームページ（海外・国内旅行の総合情報）
URL▶ https://www.arukikata.co.jp/
ガイドブック『地球の歩き方』公式サイト
URL▶ https://www.arukikata.co.jp/guidebook/

●この本に関する各種お問い合わせ先
・本の内容については、下記サイトのお問い合わせフォームよりお願いします。
URL▶ https://www.arukikata.co.jp/guidebook/contact.html
・在庫については　Tel ▶ 03-6431-1250（販売部）
・不良品（落丁、乱丁）については　Tel ▶ 0570-000577
学研業務センター　〒354-0045　埼玉県入間郡三芳町上富 279-1
・上記以外のお問い合わせは　Tel ▶ 0570-056-710（学研グループ総合案内）

※本書は 2021 年 5 月に発行した『御朱印でめぐる関東の聖地　週末開運さんぽ』の書名を変更し、2024 年 7 ～ 9 月の取材をもとにデータ等を更新した改訂版です。
発行後に初穂料や参拝時間などが変更になる場合がありますのでご了承ください。
更新・訂正情報：https://www.arukikata.co.jp/travel-support/

学研グループの書籍・雑誌についての新刊情報・詳細情報は、下記をご覧ください。
学研出版サイト　https://hon.gakken.jp/
地球の歩き方　御朱印シリーズ　https://www.arukikata.co.jp/goshuin/

ウェブアンケートにお答えいただいた方のなかから抽選で毎月3名の方にすてきな賞品をプレゼントします！
詳しくは下記の二次元コード、またはウェブサイトをチェック。

URL https://www.arukikata.co.jp/guidebook/enq/goshuin01/